진리가
권력에
말하다

진리가
권력에
말하다

TRUTH
SPEAKS TO
POWER

by
Walter Brueggemann

Translation by
Park, Hyung Gug/Moon, Eun Young

English Edition © 2013 walter Brueggeman
Korean Edition © 2015 by Publishing House The Presbyterian Church of Korea

All rights reserved. No part of this book may be reproduced or transmitted in any form or by any means, electronic or mechanical, including photocopying, recording, or by any information storage or retrieval system, without permission in writing from the publisher. For information, address Westminster John Knox Press, 100 Witherspoon Street, Louisville, Kentucky 40202–1396.

Publishing House
The Presbyterian Church of Korea
Seoul, Korea

CONTENTS

한국 독자에게 보내는 저자의 글 6
추천의 글 8
서문 12

CHAPTER 01
진리가 권력에 말하다 [모세] … 22

CHAPTER 02
보이는 권력, 보이지 않는 거대한 힘의 진리 [솔로몬] … 62

CHAPTER 03
진리가 선포되는 날 [엘리사] … 110

CHAPTER 04
진리가 권력을 변혁하다 [요시야] … 152

CHAPTER 05
오늘의 상황에서 보는 권력과 진리 [현대] … 200

옮긴이의 글 226

Write the author

한국 독자에게 보내는
저자의 글

제 책이 한국어로 번역된다니 기쁘기 그지없습니다. 아울러 한국의 독자들에게 문안을 드리게 되어 무척 기쁩니다. 이 책은 권력과 진리의 미묘한 관계에 대한 성찰을 담고 있으며, 로마제국의 권력을 상징하는 빌라도의 권력 앞에 선 '예수님의 진리'(요 18:28-38)를 하나의 모델로 제시하고 있습니다. 그리고 이 책에서 사용되는 '권력'은 사회의 총체적인 통제로 귀결되는 권위, 테크놀로지, 이데올로기의 조합을 말합니다. 이 권력은 정치활동의 주체인 국가에 의해, 경제활동의 주체인 기업에 의해, 종교활동의 주체인 교회에 의해 다양하게 행사될 수 있습니다. 저는 진리를 '권력과 마주해서도 결정적인 차이를 만들어 내는 복음의 변혁적 능력'으로 사용합니다.

이 책을 쓰면서 미국의 군부와 결합된 시장 이데올로기의 막강한 권력을 고려함과 동시에, 미국에서 권력이 행사되는 방식과 복음이 변혁적인 방식으로 역사하는 것을 염두에 두었습니다. 그러한 사회적 맥락은 복음의 담지자로서의 교회를 긴급히 오늘의 상황 속으로 위치시킵니다. 놀라운 점은 그러한 성경의 패러다임이 특수한 사회적 – 경제적 – 정치적 맥락에서만 작용하는 것이 아니라 다른 사회적 배경에 속한 독자들에게도 기꺼이 전이될 수 있다는 것입니다. 저는 진리와 권력의 만남이 미국사회와 한국사회 간에 다소 차이가 있을 것이라 생각합니다. 하지만 성경에서 떠오르는 진리와 권력의 패러다임이 미국사회에서처럼 한국사회에서도 작용한다는 사실을 의심하지 않습니다. 따라서 저는 미국과 한국의 독자들이 제 책을 읽고 복음의 변혁적인 무한의 가능성을 함께 공유할 수 있기를 기대합니다.

때때로 미국교회에서 부르는 찬송이 있습니다. 다음은 그 찬송의 일부입니다.

> 악한 대의가 번창할지라도 오직 진리 홀로 강하고
> 진리가 단두대에 처할 운명으로 악이 지배하고 정의가 부재할지라도
> 그 단두대가 미래를 동요시키고 알려지지 않은 희미함 뒤에서,
> 하나님이 그림자 안에 서 계시면서 고통당하는 이들을 지켜보신다.

사회적인 여타의 모든 권력의 드라마는 언제나 권력 안에, 그 권력과 함께, 그 권력 아래에서, 그리고 그 권력에 대항하는 복음의 주장에 따른 증언으로 나타납니다. 그러한 '진리와 권력'에 대한 생각은 지금의 사회현실과 복음의 가능성에 대한 지도와 스케치를 제공할 것입니다.

월터 브루그만
2015년 6월 7일

Testimonials

추천의 글

나는 1990년대 초반부터 브루그만 박사의 성경연구를 추종했다. 당시에 제너럴 신학교(General Theological Seminary)의 조교수였던 나는 그의 탄식시 해석에 감전되다시피 흥분하고 있었다. 우리는 그에게 강연을 떠맡기다시피 했다. 브루그만은 교역자들을 위해 마련된 모임을 인도했고, 지역 모임에서 주강사로 강연을 했으며, 그의 교구 및 우리 교회, 또 다른 곳에서 많은 연구모임에 참여했다. 게다가 그는 나의 사역에 대해서도 매우 가치 있는 조언을 해 주었다. 그 시간을 통해 그와 그의 아내인 티아(Tia)를 개인적으로 알게 된 것은 나에게 있어 영예로운 일이었다.

본서는 오하이오에 있는 지역 교회가 함께 지원했던 콘퍼런스에서 강의된 내용을 기반으로 한다. 「진리가 권력에 말하다」는 지금까지 성경의 급진적이고 전복적인 정치적 의미에 대한 그의 가장 대담한 탐구를 보여준다. 비록 브루그만은 성경에서 어느 특정한 정치적 의제로 직접 연결되는 선을 그릴 수 없다고 주장하지만, 그럼에도 불구하고 그는 성경의 "노래, 신탁, 그리고 내러티브"에서 지속적으로 나타나는 관점을 분명하게 식별하고 있다. 그는 이 점을 단도직입적으로 말하지는 않지만 이 점이 정경으로서의 성경의 일치성을 구성하는 것으로 이해할 수 있다. 이러한 견해는 기득권을 지지하는 진리 주장에 대한 의혹과 함께 하나님의 진리는 약한 사람들, 가난한 사람들, 그리고 배제된 사람들 편에 선다는 확신으로 귀결된다. 비록 성경이 특정 정치적 주장을 지지하지 않는다고 할지라도, 다른 사람들을 희생시키면서까지 특정한 사람들의 권리를 지키는 것은 문제시한다. 브루그만은 '진리에 대한 정의(定義)'를 통제하면서 반대의 목소리를 막는(혹은 마음대로 이용하는) 정부, 기업계, 미디어, 아카데미, 그리고 심지어 교회의 인습적인 결탁을 날카롭게 지적한다.

"심지어 성경이 그 시대의 현상 유지를 지지하는 것처럼 보일 때에도 성경의 본문이 무엇을 말하는지 주목할 때, 그때나 지금이나 세상 권력의 당파성을 거절하는 권위 있는 목소리, 때로는 열정적이고 때로는 무표정한 목소리를 인식할 수 있다."

그렇다고 해서 브루그만이 마치 성경의 의미가 언제나 명백하기에 단편적으로 접근하도록 권유한다는 말은 아니다. 오히려 브루그만의 천재성은 층층의 논쟁적인 이야기로 구성된 성경의 복잡하고도 멋들어진 영역으로 우리를 초청한다. 하지만 그에게 있어서 성경의 토대는 두 가지 확신으로 이루어진다. 그것은 "하나님은 인간의 권력의 수단으로 환원될 수 없다."라는 점과 "이웃은 하나님의 형상으로 이루어져 있다."는 점이다. 성경을 주의 깊게 읽고 들으면 우리가 알고 있는 일반적인 맥락뿐만 아니라 모순들, 태도의 일변들, 폭력, 그리고 심지어 우리를 미치게 만드는 침묵들조차 결국은 그 진리로 인도하는 것을 보게 된다. 이렇게 말한다고 해서 우리가 '읽고 듣는 것'에 개인의 해석적 틀을 사용하지 않는다는 것은 아니다. 오히려 그것은 성경을 대할 때 우리가 거룩한 토대 위에 서 있다는 것을 말하는 것이다. 이 거룩한 토대는 하나님-으로서의-이웃(neighbor-as-God)이라는 진리 속으로 우리를 예상치 못하게 빨려들어가게 할 수 있는 요소들(삶의 모순, 실패, 은혜)처럼 낯설기도 하고 친숙하기도 하다. 그것은 브루그만이 이른바 기독교의 '서정적인'(lyrical) 진리라고 칭한, 즉 "예수 안에서 '높으신 하나님'과 '낮은 이웃'이 하나"이기 때문이다.

브루그만은 이러한 토대가 되는 진리를 넘어서는 체계화에 저항한다. 그러나 그를 스승으로서 인격적으로 체험한 사람은 그가 단지 성경본문이 제시해 주는 풍성함, 수수께끼, 그리고 수치스러움을 우리로 하여금 깨닫게 하려는 것뿐임을 알게 될 것이다. 여러분은 이 책을 통해 때로는 놀랄 정도로 서민적이고, 때로는 매우 인격적이고, 학식이 넘치는 그의 스승다운 목소리를 들을 수 있을 것이다.

감독 토마스 브라이덴탈
(Thomas E. Breidenthal)
미국감독교회, 서던 오하이오 관구

TRUTH
SPEAKS TO
POWER

서문

앞으로 전개될 내용은 미국 성공회인 감독교회의 남 오하이오 지역 교회로부터 초청받아 강의했던 행복한 기억에서 출발한다. 이들은 케년 대학(Kenyon College)에서 열리는 여름 평신도를 위한 행사에 나를 강사로 초청했다. 초청자들은 정확한 내용은 기억나지 않지만 성경의 신앙과 공공정책 사이의 대화, 아마 더 적절하게는 성경의 신앙이 사회정의 문제들과 사회적 명령에 어떻게 대처해야 하는지를 다뤄 줄 것을 제안했다.

나는 성경이 어떤 정책이나 행동을 직접적으로 지시한다고 믿지 않지만 나를 초대한 이들도 그것을 염두에 두었다고 생각하지 않는다. 내가 믿는 성경은 첫째, 교회에서 확인된 대로 오랜 해석 전통 안에서 하나님의 의지와 목적에 따라 공공 영역에서의 물음의 틀을 제공할 수 있고 둘째, 한 방향 혹은 다른 방향으로 우리의 상상을 불러일으키고 뒤흔드는 구체적인 자료들을 제공한다. 그러므로 우리가 (자유주의자들이든지 보수주의자들이든지) 성경에서 현대의 이슈들을 향해 직접적으로 나아가거나 또는 성경과 현대적인 이슈들과의 직접적인 연결점들을 만들 수 있다고 믿지 않는다.

그러한 이유로 해서 나는 당시의 강의를 권력과 진리의 대화 중심으로 재구성했다. 그렇게 한 이유는 어느 곳에서나 부의 집중을 가지고 돈의 공급을 통제하고, 신용과 부채를 규제하는 입법을 지배하며, 군사적인 목적으로 군사적 모험주의와 기술 진보에 재정을 쏟아 붓는 (혹은 쏟아 붓기를 거부하는) 사람들에 의해 공권력이 행사된다고 생각하기 때문이다. 따라서 권력은 국가 장치를 통해 혹은 우리 사회의 경우처럼 기업 합병들이 행하는 사적 영역들을 통해 전달될 수 있는 네트워크와 지렛대를 의미한다. 칼 마르크스(Karl Marx)의 주장처럼 어느 쪽이든지 그런 권력 집중은 권력 사용을 정당화하기 위해 '상징체계를 제공하는 세력들'(교회, 대학, 그리고 미디어)에 의존한다. 그 모든 것은 맘몬이 지배하는 사회에서 회자되는 '대중판 황금률'에 다음과 같이 요약되어 있다.

"금을 지닌 자들이 규칙들을 만든다."

본서의 결론은 쉽사리 내리기 어려운 진리이다. 이전에 발간했던 다윗에 관한 책에서 몇 가지의 '다윗 내러티브들'을 다루었는데 부족에 대한 진리, 인간에 대한 진리, 국가에 대한 진리, 교회(회중)에 대한 진리가 그것이다.[1] 그 당시에 발표했던 내용은 한편으로는 약간 지나치게 도식적이기는 했지만, 다윗에 대한 서너 가지 내러티브 형태의 증언들에는 다윗에 대한 특징적인 진리뿐만 아니라 각각의 기득권이 스며들어 있음을 논하였다. 이런 다양한 증언들은 다윗에 대한 진리가 깊고도 끊임없는 논쟁을

---

1) Walter Brueggemann, *David's Truth in Israel's Imagination and Memory*(Philadelphia:Fortress Press, 1985).

야기함을 분명히 보여 준다. 그때나 지금이나 사회는 국가, 교회, 기업체, 학교 등 일반적인 일치를 이룬 기관들과 기존의 진리가 거래하는 특징을 보인다. 이러한 기관들은 현상 유지 세력과 동맹관계를 맺고 있는 것처럼 보일 수 있는 진리를 해명하고 유지하는 데 능숙하다.

그러나 물론 전문적인 자격을 갖추지 못한 사람들에 의해 수행되는 다른 형태의 진리가 있다. 공식적인 진리가 종종 실제적인 삶과 크게 동떨어져 있을 수 있는 것을 감안할 때 아래로부터의 진리는 구체적인 실존에 매우 가깝게 존재한다. 약자들에 대한 연구에서 제임스 스코트(James C. Scott)는 '숨겨진 경전들'을 내세우며, 농부들의 진리는 살아 있는 현실에 가깝게 연결되어 있고, 공식적인 진리의 수행자들에게는 일반적으로 감추어져 있다고 주장한다.[2]

우리는 성경에서 이와 동일한 유형의 진리를 확인할 수 있다. 구약성경에서 공식적인 진리는 왕조와 성전의 도시 엘리트들과 서기관 계급에 의해 실행되고 있다.[3] 신약성경에서도 동일한 진리가 다른 기득권 당파들과 결탁한 서기관 그룹에 의해 다양하게 실행되고 유지된다. 그러나 신구약성경에도 여기에 포함되지 않는 또 다른 진리가 있다. 공식적인 진리에 포함되지 않는 그 진리는 공식적인 진리를 계속해서 전복(顚覆)하는 노

---

2) James C. Scott, *Weapons of the Weak: Everyday Forms of Peasant Resistance*(New Haven, CT: Yale University Press, 1985); and Scott, *Domination and the Arts of Resistance: Hidden Transcripts*(New Haven: Yale University Press, 1990).
3) Philip Davies, *Scribes and Schools: The Canonization of the Hebrews Scriptures* (Louisville, KY: Westminster John Knox Press, 1998).

래, 신탁, 그리고 내러티브[4]에 의해 실행된다. 성경본문의 공동체들에게 그러한 전복은 가치 있게 여겨졌을 뿐 아니라 향유되었음에 틀림없다. 또한 그러한 전복의 잠재성은 성경본문들의 반복적인 읽기에서 지속적으로 작용한다. 신약성경에서 대표적인 대항-진리(counter-truth)는 예수와 그의 추종자들, 즉 큰 위험을 무릅쓰고 체제를 전복하고 당황하게 하면서 "세상을 어지럽게 하는"(행 17:6) 공동체에 의해서 실행되었다. 그 결과 진리라는 것이 눈에 보이는 체제 권력과는 달리 잡히지 않고 논쟁을 유발하게 되며, 그 진리 주장이 어떨 때는 체제 권력의 추인이기도 하고, 어떨 때는 전복이기도 한다. 권력을 점유한 사람들은 언제나 현재의 권력 질서와 양립하는 종류의 진리를 추구한다. 거꾸로 현재 권력 질서 바깥에 서 있는 사람들은 권력의 대항질서를 허용하고 정당화하는 대항-진리를 주장한다.

근대 서구의 역사를 보면 진리와 권력의 문제는 다른 형식을 취한다. 근대 서구에서 공식적인 진리는 데카르트적인 진리에 속하는데, 이는 경제, 과학과 기술 추구, 그리고 군-산-교육-미디어 복합체가 모든 중요한 진리의 독점을 주장할 수 있는, 지식을 지배하는 권력에 해당한다. 그러한 이들 요소의 독점은 그 영역 밖의 그 어떤 것도 정당화하지 않는 전체주의 체계 안에서 현상을 유지하도록 한다.

---

[4] 역주 : 이 단어는 국내 학계에서 '서사' 또는 '이야기' 또는 영어를 그대로 음역한 '내러티브'로 다양하게 번역되고 있다. 그러나 브루그만 박사는 본서에서 내러티브(narrative)와 '이야기'(story)를 그 뜻을 구분하지 않고 서로 교환할 수 있는 것으로 사용하고 있다. 물론 전자를 더 많이 사용한다. 역자들은 전자를 '내러티브'로 후자를 '이야기'로 옮긴다.

그러하기에 역사에서도 보듯 진리와 권력의 그와 같은 전체주의적인 결탁은 얄팍한 근대의 합리성을 받아들이지 않는 대항 세력들을 반드시 일깨우게 되어 있다. 폴 리쾨르(Paul Ricoeur)가 명명한 '의혹의 대가들'(masters of suspicion)은 얄팍한 이성의 단조로운 주장에 대항하여 계속해서 목소리를 내는, 논쟁의 여지가 없는 구체적인(bodily) 현실에 주의를 기울인다. 리쾨르는 지그문트 프로이트(Freud)에 초점을 맞추면서도 마르크스와 니체(Friedrich Nietzsche)와 같은 의혹의 대가들을 자신의 사유에 포함시킨다. 리쾨르는 의혹의 대가들이 공통적으로 지니고 있는 점이 각자가 강조하는 차이점보다 더 중요하다고 지적한다. 그는 먼저 지배문화에 대한 '공통적인 반대'에 주목한다. "세 명의 학자들은 우리가 어떤 대상을 거룩하다고 정의 내리는 행위에 있어서 그 존재의 속성을 정의하기 위한 어떠한 수단도 받아들이지 않는다. 이러한 거룩함에 대한 접근방식이 우리를 일괄된 체제 속으로 편입시키려는 장치에 불과한 것으로 보았기 때문이다. 세 명의 대가들이 제시한 공통된 의혹은 다시 세 가지의 다른 연구방법을 통해 '거짓된 진리' 의 실체로 드러난다."[5]

리쾨르가 보기에 우리는 이 세 명의 대가들이 공통적으로 지닌 적극적인 의미, 즉 '허위의식'에 대한 전망을 온전히 이해하지 못했다.

> 세 의심의 대가는 '파괴적인' 비판을 수단으로 하여, 해석행위의 기예를 고안함으로써 보다 참된 말과 진리에 대한 새로운 읽기의 지평을 분명하

---

5) Paul Ricoeur, *Freud and Philosophy:An Essay on Interpretation*(New Haven, CT:Yale University Press, 1970), 32쪽.

게 해 준다. ……그러므로 우리는 삼중적인 의심뿐만 아니라 삼중적인 책략(guile)을 직접 대면해야 한다. 만일 의식이 사물의 있는 그대로의 실재를 생각하는 것이 아니라면 명백한 것과 잠재적인 것 사이에 새로운 관계가 설정되어야 한다. 이러한 새로운 관계는 의식이 현상과 사물들의 실재 사이에서 구현될 것이다.[6]

리쾨르는 이렇게 결론을 내린다.

이 논쟁에서 문제가 되는 것은 숙명 혹은 '상상의 신화 – 시적 핵심'(mytho – poetic core of imagination)이다. 이러한 상상의 은총은 계시로서의 말씀과 어떤 관계가 있지 않는가?[7]

그러므로 칼 마르크스는 '하부구조'와 '상부구조'를 구분함으로써 '체제화된 진리'의 고차적인 주장들을 물질적, 구체적 현실과 동떨어진 것으로 드러냈다. 그는 동떨어진 거리(소외)가 '허위의식' — 기초적인 경제적 현실의 고통과 고난으로부터 차단된 기존 체제의 진리 — 임을 밝혔다.

니체는 진리를 '은유의 군집'(army of metaphor)으로 특징지었다. 이는 진리가 그냥 주어진 것이 아니라 많은 곡절(曲折)을 통해 등장하고 주장하며, 정의하기 어려운 논쟁적인 해석의 행위라는 뜻이다. 프로이트는 자신의 '억압의 이론'을 통해서 우리가 현상 유지를 위한 봉사를 거절함으로써

---

6) Ibid., 35 – 36쪽.
7) Ibid., 32 – 33쪽.

자기 자리를 지키는 은밀한 무의식의 실재를 확인했다.[8] 최근 세 대가들의 뒤를 잇는 사상가인 미셸 푸코(Michel Foucault)는 아주 흥미로운 방식으로 진리와 권력의 상호 얽힘을 보여 주었다.[9]

의심의 대가들이 주장하는 요점은 체제 권력에 의해 구성된 이성적인 진리에 저항하고, 또 우리가 아무리 그렇지 않은 듯 여기며 주장할지라도 사회 이면에서 마치 유령처럼 떠돌며 계속해서 출몰하는 또 다른 진리가 있다는 것이다. 그러하기에 이들과 같은 진실의 주창자들에 의한 근대주의 이성의 폭로는 성경의 신앙과 동떨어져 있고, 낯선 수사학으로 표현되어 있다는 것은 확실하다.

그러나 긍정적인 측면에서 볼 때 대가들에 의해 수행된 의심은 성경의 전복적인 목소리, 가장 현저하게는 예언자들의 목소리와 그밖의 노래, 내러티브, 그리고 신탁과 온전하게 부합한다는 주장이 종종 제기된다. 그러므로 성경 자체는 언제나 기성 권력이 지배할 수 없는 진리에 대한 한결같은 논쟁이다. 본서의 집필 목적은 성경본문 자체에서 진행되는 논쟁에 독자들을 초청해서 함께 그 논쟁에 참여하게 하는 것이다. 그러므로 독자가 된 당신은 '논쟁자'로서의 '해석자'가 되는 것이 피할 수 없는 역할이다. 왜냐하면 선택해야 할 상반된 주장인 '권력에 소속된 진리냐' 아니면

---

8) 무의식의 구체적인 능력은 데이비드 브룩스의 재발견인 것처럼 보인다. David Brooks, *The Social Animal : The Hidden Sources of Love, Character, and Achievement*(New York : Random House, 2011).
9) Michel Foucault에 관하여 Barry Cooper, *Michel Foucault : An Introduction to the Study of His Thought*(New York : Mellan, 1982). 또한 이 책은 푸코의 저작들에 대한 확대 목록들을 포함하고 있다.

'권력에 대항하는 진리냐'가 우리 앞에 놓여 있기 때문이다.

앞으로 전개될 내용에 앞서 두 가지 요소를 기억하도록 한다.

첫째, 사회 세력에 관계되는 성경의 증언은 교묘하고 아이러니한 성격을 지닌다. 만일 성경을 읽을 때 보편적인 교회의 해석 범주들을 따르거나 혹은 역사 비평을 따라 읽으면 권력에 도전하는 진리가 한 성경본문에서 진행되고 있는 것을 놓치기 쉽다. 그러므로 우리는 문답형식으로 표현된 성경본문에 주목해야 한다.

어떤 순진한 독자들은 겉으로 드러나는 성경언어의 피상적인 가치만을 받아들일 수 있다. 또 다른 한편으로 성경본문의 심층적인 의미가 지닌 표면적인 가치에 주목하여 명백한 의미에 대한 모순에 빠질 수 있다. 그러나 진리의 전복자들은 전체주의의 통제에 직면해서 언제나 같은 언설로 두 번, 즉 한 번은 공식적인 기록을 위해 또 한 번은 구체적인 실제의 진리를 위해 말해야 했다. 그러므로 성경본문 아래에 놓인 심층적인 의미를 읽어 낼 때, 우리는 거짓된 권력의 권위가 어떻게 교묘하고도 흥미진진한 방식으로 흔들리는지 볼 수 있을 것이다. 캐롤린 샤프(Carolyn Sharp)는 이러한 아이러니를 다음과 같이 날카롭게 묘사한다.

> 아이러니는 겉으로 드러나는 명백한 의미보다 미묘하고 복잡하며 심오한 어떤 것으로, 독자들을 설득하기 위해 믿을 만하지 않는 '말해진 것'(said)[10]과 보다 참된 '말해지지 않은 것'(unsaid)[11] 사이의 의혹적인(aporetic) 상호작용을 일으키는 오도(誤導)의 실행이다. 아이러니는 거짓된 이해들을 문제시함으로써 새로운 통찰로 이끄는 타자성의 경험(an

experience of alterity) 속으로 독자들을 초청한다. 그리하여 비유적이고 인식론적인 전이(轉移)들의 토대를 부여하는 내러티브의 일관성 있는 가정들을 혼란시킨다.[12]

샤프는 타자성의 경험에 주의를 요청하는데, 그 경험에 의해 논쟁자는 진리의 대안적인 목소리에 토대를 둔 대안적 권력 방식을 인식하게 된다. 현대 아이러니의 대가인 웨인 부스(Wayne Booth)는 세계의 표면에 드러나지 않은 '이해'를 공유하는 저자와 독자의 '은밀한 교제'에 대해 말한다.[13] 부스는 다른 곳에서 발견된 아이러니는 우상숭배를 폭로하고, 권력의 우상들을 권좌에서 끌어내리는 현대의 양태라고 주장한다. 성경의 본문들에 대한 샤프의 보다 최근의 연구에서는 전복적인 주장을 지속하는 성경 본문에 깊이 스며들어 있는 아이러니의 힘을 보여 주었다. 아이러니는 진리와 권력 사이의 안정되지 않은 공간을 깨뜨리기 위한 수단이다. 왜냐하면 진리는 아이러니의 폭로를 통해 권력을 쉽사리 전복하기 때문이다.[14]

둘째, 뒤에 이어지는 장들에서 제공되는 사례 연구들은 독자들에게 경

---

10) 역주: 전체주의 왕정의 검열과 통제를 속이기 위한 성경본문의 표면적인 의미를 뜻한다. 성경본문의 이중적인 의미를 주목하지 못하는 권력의 검열자들과 순진한 독자들은 단지 겉으로 드러난 피상적인 의미만을 이해하게 될 것이다.
11) 역주: 성경을 기록한 진리의 전복자들이 전체주의 왕정의 검열과 통제를 피하기 위해 성경본문 숨겨두어 기록한 심층적인 의미를 가리킨다. 의혹의 해석의 기예를 통해 성경본문을 이해하는 예리한 독자들은 겉으로 드러나지 않는 심층적인 진리와 의미를 이해할 수 있다는 뜻이다.
12) Carolyn J. Sharp, *Irony and Meaning in the Hebrew Bible*(Bloomington : Indiana University Press, 2009), 24쪽.
13) Wayne C. Booth, *The Rhetoric of Fiction*, 2nd ed.(Chicago : The University of Chicago Press, 1983), 300쪽.

각심을 주기 위해 리처드 니버(H. Richard Niebuhr)의 고전적인 연구인 「그리스도와 문화」(Christ and Culture)에서 제공한 동일한 유형론을 제시한 것이다. 그러한 모형화가 내가 쓴 글에 기초한 것이지만, 나는 여기서 유형 분류를 모형화할 어떤 의도도 없음을 밝히고 싶다. 오히려 내가 토의를 위해 선택한 성경본문들은 일반화를 도출하기 위한 것이 아니고 단지 일회적인 실행을 위한 것이다. 물론 우리는 구체적인 사례들에서 일반화를 도출하고 또한 많은 병행들을 발견한다. 그러나 그것이 필자의 의도는 아니다. 나는 오히려 독자들을 성경본문이 지닌 특수성의 두터운 복합성 속으로 초청하고 싶다. 이와 같은 작업이 이루어진 후에, 그러한 특수성으로 이루어지는 것은 독자의 책임, 즉 내 자신의 주장을 넘어서는 독자의 책임이다. 나는 우리가 진리와 권력의 대화의 두터운 복합성을 드러내고, 우리 자신을 그렇게 인식하든지 안 하든지 독자와 해석자로서 언제나 진리의 논쟁자들이 되기를 희망한다.

---

14) 미국의 역사의 전체주의 주장들 가운데서의 아이러니에 대해서는 Reinhold Niebuhr, *The Irony of American History*(New York : Charles Scribner's, 1952)를 보라.

TRUTH SPEAKS TO POWER

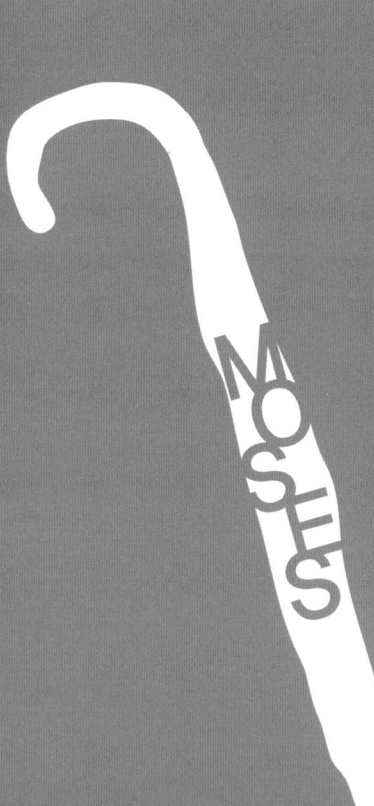

MOSES

CHAPTER 01

진리가
권력에 말하다

모세

모세

"공권력(public power)과 공적 진리(public truth)의 대화"라는 주제를 다룰 때 구약성경은 빠트려서는 안 될 필수요소이다. 그리고 우리는 이런 신앙적 주장의 중심을 이루는 구약성경의 출애굽 이야기를 통해 권력과 진리의 공적 차원 속으로 직접 들어간다.[1] 출애굽 사건 후에 예언 전통은 공적인 이슈를 다룰 때 많은 주의를 기울이게 한다. 정의와 질서, 그리고 자유와 평화의 문제는 고대 이스라엘에서 결코 사라진 적이 없다. 반대로 구약성경이라는 근거가 없다면, 신약성경이 공공선(public good)에 대한 기준점을 잃어버린 사유화와 개인주의적인 영성의 문제에 빠질 수 있다는 점은 분명하다.[2] 실제로 계몽주의가 추구한 종교 관용정책(religious

---

1) Michael Walzer, *Exodus and Revolution*(New York : Basic Books, 1985)을 보라.
2) Hans W. Wolff는 "The Hermeneutics of the Old Testament," in *Essays on Old Testament Hermeneutics*, ed. Claus Westermann, trans. James Luther Mays(Richmond, VA : John Knox Press, 1963)에서 기독교 신앙에서 구약성경이 수행하는 기능에 대해 다

settlement)은 기독교 신앙을 공적인 이슈들로부터 완전히 동떨어진 사적인 영역에 국한시켰다.

오늘날에 겪고 있는 문제들은 매우 복잡하지만 공공선과 공권력, 공적 자원들의 실행과 관련해서 심각한 위기에 직면하고 있다는 점은 분명하다.[3] 시장 이데올로기는 공적 영역의 통제를 받지 않고 가난한 사람들을 집어삼키고, 조직된 노동력을 멸절시키며, 폭력적인 방식으로 환경을 학대하고 있다. 그러나 오히려 기독교 신앙은 사적이고, 가정적이며, 거주적인 문제에만 치중하고 있다.

오늘날의 교회는 공적인 사명으로 부름받고 있다. 이는 구약성경 내러티브와 예언 전통에 토대를 두고 탐욕의 위기에 대응하면서, 분배 정의의 정책을 지지하고, 얼굴과 얼굴을 마주하여 관대함의 회복을 실천하는 '이웃됨'으로의 부르심이다.[4] 필자는 '공적 상상력'에 대한 고대 성경본문의 전통과 현재의 '사회적 위기' 사이의 연결은 교회의 신실함을 위해 매우 중

음과 같이 썼다 : 만일 여호와 하나님이 이스라엘에게 수여한 계약의 본래적인 것을 우리 시야에 두지 않는다면, 그리스도 안에서 주어진 말할 수 없는 선물은 너무 빠르게 영적이고, 개인주의적이며, 초월적인 것으로 오해되고 있음을 이해해야 한다. 자신의 죽음과 부활에서 죄의 용서를 통해 자신의 공동체에 자기 자신을 내어줌으로써 영원한 주와 목자가 된 그분은 이 세상에서의 시간과 삶을 위하고 이끄는 은사를 주시는 데에도 관심을 둔다(179쪽). 볼프는 기독교 신앙에 있어서 구약성경이 수행하는 기능에 대해 다음과 같은 네 가지의 테제를 덧붙인다 :
① 구약성경 본문이 그리스도 사건을 하나님의 종말론적인 행위로 보여 주고, 거짓 고립과 역사화에 대항해서 그리스도 사건을 지키기 위해 그 특징적인 증언으로 계속해서 말하는 방식이다(191쪽). ② 구약성경은 그리스도에 대한 증언이 그리스도에 대한 철학으로 부패되지 않도록 막는다(194쪽). ③ 구약성경은 거짓된 개인주의로부터 기독교의 메시지를 지킨다(196쪽). ④ 구약성경은 초월주의로부터 기독교의 메시지를 보호한다(198쪽).
3) Gary Dorrien, "No Common Good?" *Christian Century* 128, no. 8(April 19, 2011) : 22–25쪽을 보라.

요하다고 생각한다. 이는 성경본문에 나타난 전통이 교회로 하여금 세상을 서로 동떨어진 경쟁자들의 시장으로서가 아니라 상호 존중과 관심의 '이웃 네트워크'로 생각하게 한다.[5] '권력과 진리'라는 큰 주제 아래 1장의 제목인 "진리가 권력에 말하다"를 시작하며 나는 요한복음에 나오는 빌라도에게 재판받는 유명한 예수의 이야기(요 18 : 28 – 19 : 16)에 호소하려고 한다. 앞으로 살펴보겠지만, 이 이야기는 출애굽 이야기를 반향(反響)하고 있다. 미국 개역개정판 성경(NRSV)의 편집자들은 이 이야기에 "빌라도 앞에 선 예수"라는 제목을 달았다. 그들은 성경을 전형적으로 밋밋하고 영감이 없이 읽으면서 매우 판에 박힌 제목을 제시하고 있다. 폴 레만(Paul Lehmann)이 "예수 앞에 선 빌라도"라고 제목을 달았듯이,[6] 그 이야기에 제목을 부여하기 위해서는 훨씬 더 대담한 해석적인 움직임이 필요하다. 이 이야기는 누가 누구를 재판하는지에 대한 태도를 분명히 밝히지는 않으나, 다만 빌라도가 예수의 이야기와 행위에 의해 위기에 처한다는 것만은 분명하다. 빌라도는 로마제국의 대행자요 대리자로서 식민사회에서 조직된 권력을 주재한다. 이 사실은 제국 권력의 암호인 사람과 그 권력을 향해 말하는 진리의 운반자 사이의 직접적이고 대치적인 교환에 따른 커다란 공간을 부여한다. 실제로 여기에 제시된 '법정 기록'은 공권력

---

4) William T. Cavanaugh는 *Migrations of the Holy : God, State, and the Political Meaning of the Church*(Grand Rapids : Eerdmans, 2011)에서 공적 세계에서 교회의 정치적 역할에 대한 도전적인 주장을 제시한다.
5) 이웃됨이라는 의제에 대해서는 John McKnight과 Peter Block의 *The Abundant Community : Awakening the Power of Families and Neighborhoods*(San Francisco : Berret-Koehler, 2010)을 보라.
6) Paul Lehmann, *The Transfiguration of Politics : The Presence and Power of Jesus of Nazareth in and over Human Affairs*(New York : Harper & Row, 1975), 48–70쪽.

의 본성에 대한 강렬한 반성이다. 재판을 위해 로마제국의 총독과 오직 신원을 알 수 없는 '그들'로만 알려진 유대인 공모자들 사이에 첫 만남이 이루어졌다(요 18 : 28-32). 그 후에 총독은 피고인과 얼굴을 맞대고 마주하게 된다. 그리고 총독은 그에게 묻는다.

"네가 유대인의 왕이냐?"(33절)

예수가 받아 넘긴다.

"당신 스스로의 질문인가 아니면 그들이 그렇게 물으라고 당신에게 시켰는가?"(34절, 저자 사역)

마치 로마제국이 세계사에서 가장 위대한 제국, 최후의 초강대국이라는 사실을 예수가 잊어버려서, 그가 말하는 대상이 누구인지를 상기시켜 주기라도 하는 것처럼, 총독은 제국의 고급관리로서 자신을 유대인들과 구분함으로 스스로를 변호한다. 그는 예수가 "자신의 민족과 대제사장들", 말하자면 식민지 백성들 중의 공모자들에 의해 고소되어 법정에 서 있음을 상기시킨다(35절). 그런 다음 총독은 거두절미하고 곧장 본론으로 들어간다.

"네가 무엇을 하였느냐?"(35절)

예수는 교묘하게 대답한다.

"내 나라는 이 세상에 속한 것이 아니니라 만일 내 나라가 이 세상에 속한 것이었더라면 내 종들이 싸워 나로 유대인들에게 넘겨지지 않게 하였으리라 이제 내 나라는 여기에 속한 것이 아니니라"(36절).

예수는 '내 나라'를 두 번 언급한다. 그리고 총독은 '내 나라'라는 선동적인 구절에 대응하여 다음과 같은 결론을 내린다.

"그러면 네가 왕이 아니냐?"(37절).

예수는 마치 이렇게 말해야 할 것처럼 다시 받아 넘긴다.

"당신이 그렇게 말해도 좋다."

"네 말과 같이 내가 왕이니라 내가 이를 위하여 태어났으며 이를 위하여 세상에 왔나니 곧 진리에 대하여 증언하려 함이로라 무릇 진리에 속한 자는 내 음성을 듣느니라"(37절).

그런 다음 빌라도는 낙담 혹은 반항의 상태로 자신의 권위를 내세우면서 묻는다.

"진리가 무엇이냐?"(38절)

우리는 그의 질문의 어조(語調)가 어떠했는지는 알 수 없다. 그러나 전체

이야기가 놀라움을 향해 나아가고 있음은 분명하다. 그런 다음 그는 마치 청문회를 끝낼 것처럼 유대 당국자들에게 돌아서서 말한다.

"나는 그에게서 아무 죄도 찾지 못하였다"(38절).

심지어 예수는 공모한 유대 지도자들의 뜻과는 반대로 로마제국에 의해 무죄입증을 받았다. 그러나 총독은 망설이면서 아직 해결되지 않은 질문을 던졌다.

"진리가 무엇이냐?"(38절)

바로 이 부분에서 다른 도전을 허락하지 않으며 그 모든 확실성과 권위를 행세했던 제국이 당혹스러움에 빠지고 만다. 이 문제에 대하여 로마제국은 자신들이 가장 옹호했던 것이 더 이상 지탱될 수 없음을 인정할 수밖에 없게 된다.

예수는 "내가 곧 길이요 진리요 생명"(요 14 : 6)이라고 이미 제자들에게 선포했다. 그는 이미 자신이 진리임을 선언했다. 그러나 물론 총독은 예수의 가장 가까운 제자들에게만 주어진 그 선언을 알지 못했다. 빌라도가 설령 그 선언을 들었다고 해도 그 뜻을 이해하지도 못했을 것이다. 왜냐하면 그 선언은 그가 속한 제국의 범주들로는 이해할 수 없도록 교묘하게 위장되었을 것이기 때문이다.

이 이야기에서 우리는 폴 레만이 언급했던 것처럼, 권력과 진리 사이의 관계에 대한 성경적인 신앙의 도전을 확인하게 된다.

"모든 권력을 문제시함으로써 권력의 자기정당화를 무너뜨리는 것은 권력의 사용의 타당성을 권력의 궁극적인 지점과 목적으로 되돌린다." 이것이 진리의 질문이다. 그러므로 한밤중에 이루어졌던 예수와 빌라도의 대화는 대립으로 바뀐다. 이러한 대립에서 권력의 모호성과 현존(presence)의 모호성이 나란히 존재한다. 권력은 저절로 자체를 성취하거나 정당화할 수 없다는 점에서 모호성을 지닌다. 현존은 동시에 구체적인 시간과 공간, 사물들의 세계 안에 있고 동시에 또 다른 세계, 즉 기원과 목적의 세계 및 기원적인 목적과 목적적인 성취의 세계로부터의 그 세계의 침입이라는 것이 현존의 모호성이다…… 세상 안에서, 그리고 지금 빌라도 앞에서 예수가 가진 현존의 지향점과 목적은 다음과 같은 진리를 증거한다. "하나님과 세상 사이의 위대한 재판에서 세상에 대항하여 하나님의 현실을 위한 효과적인 여지를 만드는 것"[7]

레만은 빌라도의 요구 앞에 선 예수의 침묵으로부터 많은 내용을 끄집어낸다. 예수는 빌라도에게 대답할 필요가 전혀 없다. 오히려 예수는 침묵함으로써 빌라도의 질문들을 그의 부당한 권력의 추문을 폭로하는 것으로 전환시킨다. 그러므로 예수 안에서 구현된 진리는 빌라도와 로마의 권력을 문제시한다. 언제나 하나님의 현존은 진리와 함께 세상에서 실행된다. 그 진리와 다른 어떤 것 위에 세워진 권력은 부당하고 정당하지 않은 권력으로 폭로된다.

---

7) Ibid., 53쪽.

예수와 빌라도의 송사의 내러티브는 하나의 장면이 되며, 그것을 통해 각 개인이 속한 사회적 배경에서 권력과 진리의 대화를 다시 분별할 수 있도록 한다. 우리 시대의 권력은 이제 의욕과잉사회의 족쇄 풀린 공격적인 탐욕으로 드러나고 있다. 그것은 자체를 자율적이고, 구속 혹은 한계를 넘어서는 힘이며, 이에 맞서는 모든 것을 쓸어버린다. 교회도 그 권력에 직면해서 언제나 상처받기 쉽고 무력한 이 내러티브와 이 현존, 그리고 이 주장을 견지하고 있다. 요한복음에서 예수와 빌라도가 나눈 이야기는 하나의 불공평한 논쟁이다. 그리고 공적 영역에서 복음의 진리의 힘을 고려하는 사람들이 관심을 가지는 것은 언제나 이와 같은 불평등한 맥락이다.

출애굽 이야기의 필수 등장인물들

물론 요한복음의 사건들이 하나님의 백성의 상상력에서 비롯된 것은 아니다. 그것은 오히려 이스라엘의 전형적인 묘사 능력과 진리인 출애굽 이야기의 반향이요 반복이다. 유대인들 그리고 그리스도인들은 언제나 이 사건들로 되돌아가는데, 그 까닭은 그것이 우리들의 세상 안에서도 언제나 실행되고 재실행되는 필수 등장인물들(essential characters)과 이야기의 줄거리를 제공하기 때문이다. 이 이야기는 권력과 진리의 드라마에 언제나 등장하는 네 명의 등장인물들의 참여와 연기에 의존한다.

바로(Pharaoh)

출애굽기의 배경이 되는 권력 세계의 중심에는 언제나 바로가 있다. 출애굽 연대를 어떻게 산정하느냐에 따라 '바로'라는 인물이 각각 달라지지만 세토스(Sethos), 람세스 2세(Ramses Ⅱ), 혹은 메르넵타(Merneptah)로 다양하게 확인되는 실제 역사적 인물임에는 틀림없다(또는 역사비평에 의해 그렇게 간주된다).[8] 아마 출애굽 이야기의 바로가 누구인지를 확인할 수 있는 것은 오직 보다 이전의 신앙주의적(fideistic) 양태의 비평연구일 것이다. 왜냐하면 출애굽 이야기의 역사성은 현재 더욱 커다란 의심을 받고 있기 때문이다. 적어도 출애굽 이야기에서 바로의 이름을 전혀 언급하고 있지 않다는 점을 관찰할 수 있다. 그의 이름이 언급되지 않는 이유는 비록 그가 출애굽에서 없어서는 안 되는 인물이지만 주인공은 아니었기 때문일 수도 있다. 그러나 보다 가능성 있는 이유는 그가 무수한 후보자들(세토스, 람세스 2세, 메르넵타) 가운데 하나이거나 아니면 그들 모두일 수 있기 때문이다. 그들 모두는 동일한 방식으로 탐욕스럽고, 냉담하며, 자기충족적이며 폭력적인 행동을 보인다.

하나의 역사적 인물인 그의 정체성에 대해 뭐라 말하든지, 바로가 하나의 '은유'(metaphor)라는 것은 분명하다. 그는 거칠고 절대적이며, 세상적인 권력을 체화하고 대표한다. 그는 빌라도와 같이 제국 전체의 대리인이다. 그는 '권력의 제국'(empire of force)의 대리인으로서 많은 다른 등장

---

[8] John Bright, *A History of Israel*, 4th ed.(Louisville, KY : Westminster John Knox Press, 2000), 120 – 124쪽을 보라.

인물로 재등장한다.[9] 바로는 식량독점체제를 소유하고 있고, 그에게 "식량은 무기"이다.[10] 여기서 식량은 바로의 백성들을 향해 그가 사용한 무기이다.

"그러므로 요셉이 애굽의 모든 토지를 다 사서 바로에게 바치니 애굽의 모든 사람들이 기근에 시달려 각기 토지를 팔았음이라 땅이 바로의 소유가 되니라 요셉이 애굽 땅 이 끝에서 저 끝까지의 백성을 성읍들에 옮겼으나 제사장들의 토지는 사지 아니하였으니 제사장들은 바로에게서 녹을 받음이라 바로가 주는 녹을 먹으므로 그들이 토지를 팔지 않음이었더라 요셉이 백성에게 이르되 오늘 내가 바로를 위하여 너희 몸과 너희 토지를 샀노라 여기 종자가 있으니 너희는 그 땅에 뿌리라 추수의 오분의 일을 바로에게 상납하고 오분의 사는 너희가 가져서 토지의 종자로도 삼고 너희의 양식으로도 삼고 너희 가족과 어린아이의 양식으로도 삼으라" (창 47 : 20 – 24).

처음부터 '나일강의 축복'을 하나님께 선물로 받은 수혜자 바로는 모든 식량의 주인이었다(창 12 : 10을 참조). 바로는 자신의 행동과 그의 식량의

---

9) James Boyd White, *Living Speech : Resisting the Empire of Force*(Princeton, NJ : Princeton University Press, 2006)에서 생산적인 구절을 가져온다.
10) "식량이 무기"라는 인용의 출처는 1930년대 우크라이나 기근 동안 구소련의 외교 분야 정치국원이었던 리트비노프(Maxim Litvinov)이다. 이 표현은 2차 세계대전 동안 미국에서 식량 보존을 증진하기 위한 포스터에서 사용되었다. 1970년대 미국 농무부 장관인 버츠(Earl Butts)도 이 구절을 인용했다.

짜르(czar, 권력자)라고 할 수 있는 요셉을 통해 토지와 식량 공급의 독점을 성취해 가면서, 자신의 신하들에 대항해서 제국의 요구를 밀어붙였다. 토지와 식량 공급이 조세의 기반이 되었고, 조세에 의해서 농노들로부터 중앙독점체제로의 조직적인 부의 이전이 이루어졌다.

바로는 너무 많은 식량을 소유했기에 잉여농산물을 저장할 곡물창고가 필요했다. 그리고 기아로 인해 강제로 노예가 된 이들의 노동이 창고 건립에 사용되었다.

> "감독들을 그들 위에 세우고 그들에게 무거운 짐을 지워 괴롭게 하여 그들에게 바로를 위하여 국고성 비돔과 라암셋을 건축하게 하니라"(출 1 : 11).

출애굽 내러티브는 기아로 인해 노예로 내몰린 사람들이 제국의 잉여농산물을 저장하는 일에 관여한 아이러니를 놓치지 않는다. 비평연구가들이 곡물창고가 있었던 도시들의 소재에 대해서는 끊임없이 캐물으면서도, 그 사업이 가지고 있던 소유주와 노동자들 사이의 착취적인 왜곡된 사회적 관계에 대해서는 질문하지 않는 것은 놀랄 만하다. 곡물창고를 소유한 도시들은 잉여의 부를 보존하는 오늘날의 거대 은행들과 보험회사들과 병행을 이룬다. 농부들의 값싼 노동력에 의해 산출된 그 잉여의 부가 오늘날 법과 군사로 농부들을 보호하고 있는 것이다.

바로의 엄청난 부인 땅과 식량의 축적은 값싼 노동력에 따른 산물이다. 바로를 위한 요셉의 책략적인 식량 배급 계획은 농부들로 이루어진 하류 계급의 값싼 노동력을 창출했다. 출애굽 사건의 배경은 식량을 필요로 하는 배고픈 농부들이 바로에 의해 독점된 식량을 사기 위해 돈을 지불하고,

가축을 빼앗기며, 마침내는 그들의 땅을 포기해야만 하는 방식이었다. 바로는 자신의 권력을 증대시키기 위해 식량을 이용한다. 그리고 결국 농부들은 바로에게 '기꺼이' 자신들을 '사달라고' 요청하기에 이른다.

> "우리 몸과 우리 토지를 먹을 것을 주고 사소서 우리가 토지와 함께 바로의 종이 되리니 우리에게 종자를 주시면 우리가 살고 죽지 아니하며 토지도 황폐하게 되지 아니하리이다"(창 47 : 19).

이야기의 마무리에서 그들은 바로를 위해 값싼 노동력으로 팔린 것에 대해 감사하기까지 한다.

> "주께서 우리를 살리셨사오니 우리가 주께 은혜를 입고 바로의 종이 되겠나이다"(창 47 : 25).

바로의 값싼 노동력 착취는 그 어떤 제지도 받지 않는다. 그는 멈출 줄 모르는 탐욕으로 내달린다. 또한 그는 앞으로도 더욱 많은 식량을 계속해서 저장해야 한다. 따라서 더 많은 곡물창고들을 필요로 한다. 나아가 그는 곡물창고들을 건축하기 위한 더 많은 벽돌이 필요하다. 이에 출애굽기 5장은 무자비하고, 그 어떤 생산고의 지체와 조정도 허용하지 않는 벽돌 생산을 위한 계획을 제시한다.

> "너희가 어찌하여 백성의 노역을 쉬게 하려느냐 가서 너희의 노역이나 하라"(출 5 : 4).

"이제 이 땅의 백성이 많아졌거늘 너희가 그들로 노역을 쉬게 하는도다"(출 5 : 5).

"너희는 백성에게 다시는 벽돌에 쓸 짚을 전과 같이 주지 말고 그들이 가서 스스로 짚을 줍게 하라 또 그들이 전에 만든 벽돌 수효대로 그들에게 만들게 하고 감하지 말라 그들이 게으르므로 소리 질러 이르기를 우리가 가서 우리 하나님께 제사를 드리자 하나니 그 사람들의 노동을 무겁게 함으로 수고롭게 하여 그들로 거짓말을 듣지 않게 하라"(출 5 : 7-9).

"바로가 이렇게 말하기를 내가 너희에게 짚을 주지 아니하리니 너희는 짚을 찾을 곳으로 가서 주우라 그러나 너희 일은 조금도 감하지 아니하리라 하셨느니라"(출 5 : 10-11).

"너희는 짚이 있을 때와 같이 그 날의 일을 그 날에 마치라"(출 5 : 13).

"너희가 어찌하여 어제와 오늘에 만드는 벽돌의 수효를 전과 같이 채우지 아니하였느냐"(출 5 : 14).

"왕은 어찌하여 당신의 종들에게 이같이 하시나이까 당신의 종들에게 짚을 주지 아니하고 그들이 우리에게 벽돌을 만들라 하나이다 당신의 종들이 매를 맞사오니 이는 당신의 백성의 죄니이다…… 너희가 게으르다 게으르다 그러므로 너희가 이르기를 우리가 가서 여호와께 제사를 드리자 하는도다 이제 가서 일하라 짚은 너희에게 주지 않을지라도 벽돌은 너희가 수량대로 바칠지니라"(출 5 : 15 – 18).

"너희가 매일 만드는 벽돌을 조금도 감하지 못하리라"(출 5 : 19).

노예들에게는 아무런 권리도, 보호자나 보증자도 없다. 그들은 제어되지 않는 바로의 권력에 대해 완전한 무방비 상태에 빠져 있다.

그럼에도 불구하고 그 모든 것 때문에 바로는 완전한 불안에 사로잡혀 있다. 창세기 41장으로 돌아와 흉년의 악몽을 이야기한 것도 동일한 불안일 듯하다.

"그 뒤에 또 흉하고 파리한 다른 일곱 암소가 나일 강가에서 올라와 그 소와 함께 나일 강가에 서 있더니 그 흉하고 파리한 소가 그 아름답고 살진 일곱 소를 먹은지라 …… 한 줄기에 무성하고 충실한 일곱 이삭이 나오고 그 후에 또 가늘고 동풍에 마른 일곱 이삭이 나오더니 그 가는 일곱 이삭이 무성하고 충실한 일곱 이삭을 삼킨지라"(창 41 : 3 – 7).

이제 바로는 두려움으로 인해 노예들의 아이들, 즉 값싼 노동력의 다음 세대를 죽이기로 결심한다. 또한 그는 강도 높은 노역의 착취로 노예들을 괴롭혔다.

"이스라엘 자손에게 일을 엄하게 시켜 어려운 노동으로 그들의 생활을 괴롭게 하니 곧 흙 이기기와 벽돌 굽기와 농사의 여러 가지 일이라 그 시키는 일이 모두 엄하였더라"(출 1 : 13 – 14).

결국 바로는 히브리 노예들 중에 사내아이들은 모조리 죽이기로 결심한다.

"너희는 히브리 여인을 위하여 해산을 도울 때에 그 자리를 살펴서 아들이거든 그를 죽이고 딸이거든 살려두라"(출 1 : 16).

출애굽기는 창세기 41장처럼 '가장 많이 가진 자'는 비합리적인 방식으로 '가장 불안한 자'라는 아이러니에 대해 전혀 코멘트를 하지 않는다. 창세기 41장에서 바로의 불안은 그의 식량 공급의 현실에 관계되어 있지 않다. 그러나 출애굽기에서 그의 불안은 자신의 필요와 모순되는 자기파괴적인 정책들이 이끄는 것으로 묘사되고 있다. 그것에 대해 특별한 설명없이 이야기는 무제약적인 권력이 그 권력에 종속된 사람들뿐만 아니라 결국 그러한 권력을 행사하는 사람들에게까지 파괴되는 방식을 보여 준다.

히브리 농부들

이야기의 둘째 등장인물은 이름이나 얼굴도 없이 미분화된 집단으로 나타나는 노예로 강등된 '히브리 농부들'이다. 그들은 능동적인 주체들이라기보다는 수동적인 존재들로서 바로의 무자비하고 야심적인 권력을 철저하게 섬기고 있다. 그들은 살기 위해 가지고 있던 모든 소유로 식량을 사는 바람에 독점 권력의 노예가 되었다. 그들은 필연적으로 제국에 자신들의 몸을 빼앗기게 되었다. 애굽은 그 특성상 유감이나 인정도 전혀 없이 그들의 노동을 착취할 것이며, 실제로 바로는 그렇게 한다. 그의 입장에서 히브리 농부들은 자신의 불안을 진정시켜 줄 경제, 값싼 노동력과 생산, 희소성, 그리고 잉여와 관련된 문제일 뿐이다. 히브리 노예들은 바로의 계속되는 식량 독점을 가능하게 하는 사람들이다. 그들은 자신들의 고역을 통해서 스스로를 위한 유익은 전혀 누리지 못한다. 왜냐하면 그들이 수고하는 목적은 바로의 안전과 행복을 산출하는 것이기 때문이다.

그러나 이야기가 전개되면서 눈에 띄게 현저한 움직임이 일어난다. 조용했던 노예들, 즉 바로의 인질들이 자신들의 목소리를 내기 시작한 것이다. 그들에게 무자비했던 바로가 죽은 후에야 비로소 자신들의 목소리를 내게 된다. 물론 바로가 죽은 후에 언제나 또 다른 바로가 뒤를 잇는다. 그들은 자신의 육체적 고통에 주의를 기울이고 그에 상응하는 목소리를 내면서 자신들이 처해 있는 역사의 주체가 된다. "여러 해 후에 애굽 왕은 죽었고 이스라엘 자손은 고된 노동으로 말미암아 탄식하며 부르짖으니"(출 2 : 23).

역사를 움직이게 하는 것은 바로 이러한 히브리 노예들의 눈에 띄는 행동이다. 가장 놀랄 만한 것은 출애굽기의 앞 장에서 나타나는데, 거기에서 여호와는 히브리 노예들의 부르짖음에 응답할 때가 되기까지 본문에 등장하지 않는다.

> "이스라엘 자손은 고된 노동으로 말미암아 탄식하며 부르짖으니 그 고된 노동으로 말미암아 부르짖는 소리가 하나님께 상달된지라 하나님이 그들의 고통 소리를 들으시고 하나님이 아브라함과 이삭과 야곱에게 세운 그

의 언약을 기억하사 하나님이 이스라엘 자손을 돌보셨고 하나님이 그들을 기억하셨더라"(출 2 : 23–25).

여호와 하나님이 역사의 사건 속으로 적극적으로 등장하게 되는 계기는 새롭게 들려진 히브리 노예들의 부르짖는 소리이다.

여호와

이제부터 출애굽 이야기의 주인공은 값싼 노동력(히브리 노예들)의 부르짖음에 응답하여 움직이는 '여호와'(YHWH) 하나님이시며, 이분은 하늘과 땅의 창조주이시다. 그는 이러한 권력 남용과 궁핍의 상황에 온전히 현재하고 관여하며 참여한 "성부와 성자와 성령"이신 그분, 우리가 고백하는 그분이다. 여호와는 제국의 위기에 뒤늦게 등장한다. 만일 그 내용에 그다지 친숙하지 않다면, 우리는 성경의 독자들처럼 "왜 그렇게 오래 걸렸습니까? 당신은 어디에 계셨습니까?"라고 물을지도 모른다. 아마도 이 질문에 대한 대답은 "여호와는 기다린 후에야 인간들의 부르짖음에 응답한다."는 것이다. 여호와는 인간이 육체적 고통을 인정하고 그로 인해 호소할 때까지 기다렸다. 아마도 여호와의 등장과 그분께서 수행할 역할이 있기 전, 무자비한 권력에 대한 노예들의 저항이 있을 때까지 여호와는 기다리셨다. 어쨌든 여호와가 오랜 기다림 후 마침내 사건에 등장할 때 그분은 커다란 역할을 맡게 될 것이다.

앞으로 알게 되겠지만 시간이 경과하면서 바로가 적합성을 상실한 채 뒤로 물러날 때도 여호와는 사건에서 점점 더 결정적인 역할을 하게 된다.[11] 히브리 노예들에게 새롭게 나타나는 여호와는 이스라엘이 그 전통을 완성할 때까지 완전한 '새로움'(novum)은 아니었다.[12] 하나님이 출애굽 이야기에 등장하기 전 여호와는 이미 창세기에서 직접적으로 등장했다. 창세기에서 여호와는 신앙의 조상들에게 약속들을 주셨다. 바로 그 이유로 여호와는 옛 약속들을 기억하셨으며, 값싼 일용 노동자들의 부르짖음에 응답했다. 그러나 요셉의 이야기 전체를 통해 알 수 있듯이 이스라엘이 고통 받았던 오랜 기간 동안에 여호와께서 직접적으로 개입하지 않으셨다는 것도 사실이다. 그리고 아브라함, 이삭, 그리고 야곱에 이어 4세대인 요셉이 바로에게 자신의 삶을 집중하고 여호와를 멀리했기 때문이라고 생각하는 것은 당연하다. 그러한 이유로 레온 카스(Leon Kass)는 요셉이 완전히 '애굽화'되었다고 판단한다.[13] 이러한 제국의 환경에서 약속의 하나님은 환영받지 못했을 수도 있다. 여호와 하나님이 약속을 이행하지 않고 그렇게 오랫동안 안식년을 보냈다는 사실에도 불구하고, 여호와는 열정과 권위를 가지고 출애굽 이야기 속에 등장한다.

---

11) Babara Green은 "The Determination of Paraoh : His Characterization in the Joseph Narrative(Genesis 37-50)," in *The World of Genesis : Persons, Places, Perspectives*, ed. Philip R. Davies and David J. A. Clines(JSOT Supp. 257 ; Sheffield : Sheffield Academic Press, 1998), 150-177쪽에서 출애굽 이야기가 바로를 축소하고 여호와의 역할을 확대하는 극적인 방식을 가장 온전하고도 지혜롭게 주해하고 있다.
12) R. W. L. Moberly, *The Old Testament of the Old Testament : Patriarchal Narratives and Mosaic Yahwism*(OBT ; Minneapolis : Fortress Press, 1992)를 보라.
13) Leon Kass, *The Beginning of Wisdom : Reading Genesis*(New York : Free Press, 2003), 569쪽과 여러 군데를 참조하라.

모세

넷째 등장인물은 '모세'인데, 그 이름은 물에서 '건짐을 받았다'라는 뜻이다. 그에 관해서 두려움이 가득한 출생 이야기 외에 어린 시절의 이야기는 전해지지 않고 있다. 그로 인해 모세와 관련된 애굽 왕궁에서의 교육, 애굽의 유일신론(monotheism), 그리고 온갖 종류의 대담한 사고에 관한 사변에 커다란 공백이 생겨난다. 그러나 모세의 이야기는 그러한 사변에 전혀 관심이 없다. 물론 모세의 이야기가 애굽에서 선행(先行)했던 유일신론의 자료에서도 추론되지 않았다. 여호와 하나님은 출애굽 이야기에서 파생되지 않고 설명되지 않은 하나의 '새로움'이다. 출애굽 이야기는 우리의 관심을 모세의 어린 시절에 대한 사변에서 어른 모세의 등장에 집중하게 한다.

모세의 애굽적 뿌리(우리는 그것에 대해 아무것도 알지 못한다.)가 무엇이었든지 간에, 그 뿌리는 이 이야기에서 모세의 성인 역을 규정하지 못한다. 성인 모세의 첫 등장은 그가 '그의 동족들'에게 나아가 '그들의 강제고역'을 보았을 때이다(출 2:11). 여기서 사용된 대명사들이 중요한데, 처음부터 모세는 히브리 노예와 일체를 이루고 있다. 그의 정체성과 헌신은 의심의 여지가 없다. 그는 강제 노역의 상황 속에 살고 있고, 바로의 착취 정책의 대리자에 의해 모욕당하는 '형제'를 본다. 애굽인 관리자가 히브리 노예를 친 것은 히브리 노예가 열심히 일하지 않았거나, 제국의 권위에 대항했기 때문이라는 것은 틀림없다. 어쨌거나 모세는 그의 동족들을 위한 자유의 투사로서든지, 체제의 권위에 대항한 테러리스트로서든지, 아니면 양자 모두이든지 간에 바로의 대리인을 죽이고 만다. 모세는 착취당하는 사람들을 대신해서 애굽에 대항할 준비가 되어 있었다.

모세는 제국을 향해 한 방을 날린 후에 도피자가 되고 만다. 출애굽 이야기가 보고하듯이 바로가 그를 "죽이려고 했다"(출 2:15)라고 전한다. 이제부터 모세는 바로의 권력에 철저하게 저항한다.

긴장으로 가득한 권력과 진리의 드라마에서 이 네 인물은 서로 얽혀 있으며, 이스라엘의 역사 속에서 이들 모두는 결정적으로 중요한 위치를 차지하고 있다. 만일 이 이야기가 경제적 현실의 관점에서 말한다면, 그 내러티브는 바로와 노예들, 즉 '자본과 노동'으로 축소될 수도 있을 것이다. 다른 식으로 이해하자면, 그것은 질서와 공포의 이야기가 될 수도 있다. 또는 기존의 인습적인 교회가 그 이야기를 말한다면, 그것은 하나님과 이스라엘의 이야기, 그리고 이스라엘을 향한 하나님의 위대한 사랑의 이야기가 될 수도 있다. 하지만 바로는 이야기 속에서 사라지게 될 것이고, 심지어 이스라엘은 애굽의 값싼 노동력이라기보다는 하나님의 사랑을 받는 사람들로만 기억될 것이다. 또는 누군가 역사의 '위대한 인물'에 대해 말하기를 원한다면, 우리는 위대한 해방자인 모세, 그러나 그의 뒤에서 강권하고 계시는 여호와가 사라진 모세를 만나게 될 것이다.[14]

이스라엘의 출애굽 이야기는 기존의 전통적인 교회가 경제적 차원을 경시할 때조차 경제적인 분석에서 이탈하는 두 등장인물에 초점을 맞추어

---

14) 해방자로서의 모세에 관해서는 Aaron Wildavsky, *The Nursing Father : Moses as a Political Leader*(Tuscaloosa : University of Alabama Press, 1984)와 Bruce Feiler, *America's Prophet : Moses and the American Story*(New York : William Morrow, 2009)를 보라.

'권력과 진리의 지형도'를 제시해 준다.

'여호와'는 '바로'를 주재하고, 그를 궁극 이전의 존재로 만든다. 바로는 이 내러티브에서 본질적이지만, 그 결과 그는 퇴짜 맞을 수 있고 조롱거리가 될 수도 있다.

'모세'는 우주적인 투쟁을 인간의 '노예 노동'의 상황이 되게 하는 방식으로 진리와 권력의 투쟁에서 부름 받은 인간의 대리자로서 제시된다.

이 네 등장인물과 함께 이러한 권력지형도는 요한복음의 이야기에서 반복되어 나타난다.

첫째, 제국의 주체인 바로가 있다면 카이사르의 대리자인 '빌라도'가 있다. 빌라도는 바로처럼 권력에 길들여져 있지만, 진리의 문제를 이해할 수 없다. 빌라도는 유대인이지만 로마제국의 권력과 온전히 결탁하는 대제사장들의 교사(狡詐)를 받는다.

둘째, 강조하기 위해 거듭 외치고 싶어 했던 '과격한 군중들'이 있다. "예수를 놓아 주기를 원하느냐?"라는 질문에 대해 그들은 "이 사람이 아니라 바라바"(요 18 : 40)라고 대답한다. 그리고 19장 15절에서 빌라도가 예수를 풀어 주기를 원하자 그들은 "(그를) 없이 하소서 (그를) 없이 하소서"라고 대답한다. 19장 6절에서 그들은 외친다. "십자가에 못 박으소서 십자가에 못 박으소서!" 하나의 등장인물로서 이 군중은 출애굽 이야기의 넷째 등장인물인 히브리 노예들에 그대로 상응하지 않는다. 그러나 그들은 제국의 우연한 실행자, 기존 질서의 현상 유지와 기존 권력의 강화를 위한 지지가 되는 수단이자 기반이기에 중요하다.

셋째, 모세가 결국 바로 앞에 나타나는 방식처럼 빌라도 앞에 나타나야만 하는 '예수'가 있다. 예수는 제국의 범주로 담아낼 수 없는 진리를 구현하고 실행하기 때문에 제국을 대경실색하게 하고 당혹스럽게 하는 존재이다. 또한 권력에 순응하기를 거절하는 진리의 담지자이다.

넷째, 바로의 권력을 혼란에 빠뜨린 방식으로 빌라도를 혼란에 빠뜨린 '진리의 하나님'이 계시다. (출애굽 이야기와는 대조적으로) 예수의 이야기에서 하나님의 행동은 조금밖에 다뤄지지 않지만, 그럼에도 불구하고 결정적인 것임은 분명하다. 예수는 빌라도에게 대답한다. "내 나라는 이 세상에 속한 것이 아니니라"(요 18 : 36). 또한 다음과 같은 말로 총독의 권력에 도전한다. "위에서 주지 아니하셨더라면 나를 해할 권한이 없었으리니"(요 19 : 11).

여기서 '이 세상에 속한'과 '위에서'라는 두 구절은 미묘하지만 강력한 주장이다. 즉, 두 표현은 이야기 실행에 작용하는 또 다른 수행자가 있다는 것과 제국의 권력인 빌라도는 자신이 생각하는 것처럼 자유로운 자율적 행위자가 아니라는 미묘하지만 강력한 주장이다.

이스라엘의 출애굽 사건과 예수의 재판 이야기는 회당의 방식 이후 처음으로 교회에 의해 거론된다. 적절하게 참여하는 모든 등장인물들과 함께 이 이야기들을 말하는 것이 교회의 사역이다. 그러한 이야기는 세상에서 권력의 지형도를 제공하고, 권력 지형도가 해명할 수 없는 진리의 능력에 의해 어떻게 영향을 받는지를 보여 준다. 바로는 그 이름조차 알지 못했던 하나님의 능력에 의해 패배할 것이라고는 예상하지 못했다. 그리고 빌라도는 예수의 재판을 주재할 때, 오히려 자기 자신이 재판에 처해질 것임을 예상하지 못했다. 제국이 생각하듯이 세상은 단순하고 길들여져 있으며, 일차원적이지 않음을 두 이야기는 주장한다. 그 이유는 세상에서 없어서는 안 될 꼭 필요한 인물들 가운데 모세를 부르시고 위로부터의 능력을 주시는 하나님이 계시기 때문이다. 이 진실을 통해 진행되는 거룩한 의도는 현재 우리의 권력 기관들과 정의를 집행하는 기관들에서도 여전히 실행되고 있다. 그러한 거룩한 의도를 섬기는 것은 변혁적인 인간 대행자, 즉 먼저는 모세이고 그 다음은 예수이다. 성경이 증언하듯이 그 어떤 세상의 강력한 권력도 이 전체 배역들이 인정되고 진지하게 다루어지기 전까지는 타당성과 설득력 또는 그 효과를 기대할 수 없다.

출애굽 이야기의 줄거리

우리는 등장인물들을 고려하여 이야기의 줄거리를 그려 보면 권력과 진리가 서로 대면하고 있음을 볼 수 있다. 출애굽 이야기는 권력이 진리를 쉽게 무시할 수 없는 방식에 대한 설명이다. 그 때문에 이야기 구성이 권력의 실행자들이 결코 의심하거나 예상할 수 없는 방식에 의존한다. 그러한 진실성은 언제나 권력 앞에서 하나의 놀라움이다. 또한 그것이 이 내러티브에 지속적으로 관심을 가지는 이유이기도 하다.

이야기의 줄거리는 노예로 전락한 히브리 농부들의 참을 수 없는 고통의 집단적 절규로 시작한다. "여러 해 후에 애굽 왕은 죽었고 이스라엘 자손은 고된 노동으로 말미암아 탄식하며 부르짖으니"(출 2 : 23).

고통은 바로의 무자비하고 가혹한 생산 계획으로부터 야기되었다. 히브리 노예들이 모여서 저항의 목소리를 내기까지는 오랜 시간이 걸렸다. 저항의 목소리를 내는 것은 위험하다. 그것은 신뢰받지 못하며 억압받는 자들이 수면 위로 부상하려는 일종의 모험(위험)이다. 그것은 같은 그룹 내의 고발자에 의해 촉발된 위기이며, 결국에는 "나는 그것을 더 이상 받아들일 수 없어."라고 외치는 모든 피착취자들의 고충이다.

이 사건을 촉발시키고 이스라엘을 위한 역사적 과정의 시작이 아래로부터의 '침묵의 분출'(breaking)이었다는 점은 매우 중요하다. 출애굽 이야기는 하나님이 모든 주도권을 쥐고 계신다는 아우구스티누스의 진술과는 달리, 신적인 주도권으로부터 시작하지 않는다. 실제 하나님은 고통의 부르짖음이 있기 전까지 이야기에 등장하지 않는다. 이와 같은 이야기는 무자비한 착취의 고통이 비정상적이고 도저히 견딜 수 없는 것이라는 점을 인정할 충분한 용기와 자유, 담대함과 감수성이 존재하는 곳이라면 어디에서나 일어날 수 있다. 그러한 표출이 이루어지는 순간까지 애굽은 모든 객관적인 경제적 생산 분석에 따라 히브리 노예들의 고통은 필수적이고, 정상적이며, 심지어는 당연한 노동 질서(사업 수행의 비용)라고 판단했을 것이다. 그러나 히브리 노예들의 강렬한 부르짖음은 애굽에게는 정상적이라고 여겨지던 경제활동을 완전히 '비정상적이고 견딜 수 없는 착취'라고 폭로한다. 따라서 '노예가 된 히브리 농부들'은 그들의 부르짖음에서 아래와 같은 사항들을 분출한다.

- 그들의 현존을 단순히 경제체제의 대상이 아니라 역사의 주체와 실행자로 선포한다.
- 탐욕적 생산에 대한 묵종적이고 보이지 않는 참여자이기를 거절한다.
- 권력을 소유한 애굽의 실세들에 의해 진지하게 다루어지지 않은 그들의 육체적 분노를 발한다.

물론 '노예가 된 농부들'의 부르짖음이 누군가에게 들려지는 소리가 아니었다는 점은 전략적으로 중요하다. 출애굽 이야기는 "그들이……(누군가에게) 부르짖었다."라고 말하지 않고, "그저 부르짖었다."라고 보고한다. 그 부르짖음의 소리는 더 이상 권력체제의 불가피한 요소들로 여겨지고 허공에 사라지는 것이 아니라, 이제는 인정되고 존중되는 극단적인 표출이다. '권력과 진리'에서 이야기 줄거리의 중심은 다음 문장에 있다. "그 고된 노동으로 말미암아 부르짖는 소리가 하나님께 상달된지라"(출 2 : 23).

본래 그들은 그런 방식으로 그들의 부르짖음을 연출하지 않았다. 그들은 부르짖음에 대한 응답을 감히 기대하지도 못했다. 단지 애굽 사회 속에서 거대 가문의 신들에 대해 알고 있었을 뿐이었으며, 이들 가운데 누군가 들어줄 것이라 꿈도 꾸지 못했다. 왜냐하면 그들은 이미 오래전부터 노동자들의 강렬한 부르짖음에 그 어떤 신도 귀 기울이지 않는다는 사실을 알고 있었기 때문이다(시 82 : 2-7을 보라). 그러나 출애굽 이야기는 하나님만은 다른 신들과 다르다고 증언한다. 그것은 마치 하나님이 여러 곳을 운행하는 것 같다.

번잡한 생활 방식이 가로지르는 곳에서
인류와 종족의 부르짖음이 들리는 곳에서
이기적인 외침 너머 투쟁이 있는 곳에서
오, 인자이신 당신의 목소리를 듣도다.

비극과 궁핍이 출몰하고
두려움이 따르는 그늘진 문지방 위에서,
탐욕의 유혹을 숨기는 길에서,
당신의 눈물의 비전을 부여잡는다.[15]

  권력과 진리의 대면에서 하나님은 하나님 자신에게 고통을 끌어들이는 자석과 같은 존재로 스스로를 드러낸다. 출애굽 이야기는 하나님의 성품을 새롭게 묘사한다. 이제 고통에 찌든 노예들은 바로에 대항해서 마치 일인 삼각 게임처럼 그들과 결속하시는 그 하나님과 함께 하게 된다. 그 결과 권력과 진리의 지형도가 새롭게 그려져야 한다. 하나님은 고통의 권력 지형도 속으로 들어오신다. "내가 애굽에 있는 내 백성의 고통을 분명히 보고 그들이 그들의 감독자로 말미암아 부르짖음을 듣고 그 근심을 알고"(출 3 : 7).
  히브리 노예들의 부르짖음에 대한 하나님의 응답은 커다란 자기긍정이고, 그에 부합하는 큰 결단이다. 하나님은 헤아릴 수 없는 직접적이고 신

---

[15] *The Presbyterian Hymnal*(Louisville, KY : Westminster John Knox Press, 1990), no. 408.

비한 방식으로 도망자 모세를 만나셔서, 창세기의 약속과 함께 등장했던 하나님임을 선포하신다. 이를 통해서 하나님은 창세기의 약속들이 바야흐로 출애굽기에서 성취되기 시작함을 확신시키고, 비로소 그 약속들이 오합지졸의 노예들에게 들려진다. 그것은 마치 하나님이 부르짖는 고통에 열중하는 존재, 그러한 고통의 환경에서 부르짖는 사람의 고난에 온전히 참여하지 않을 수 없는 존재가 된다.

출애굽기 3장 7~9절에서 여호와는 거대한 자기긍정의 화자이다. 하나님은 결단했다.

> 내가 그들의 곤경을 보았다.
> 내가 그들의 부르짖음을 들었다.
> 내가 그들의 고통을 안다.
> 내가 구하기 위해 내려왔다.
> 내가 그들을 기름지고 넓은 땅으로 인도할 것이다.
> 내가 애굽의 지배자들이 어떻게 그들을 억압했는지를 보았음이라.

하나님의 선언은 실로 놀라운 세 구절들을 통해 계속된다. 그러나 갑자기 여호와는 자기결정의 주장을 중단한다. 그리고 9절에서 여호와가 모세에게 다음과 같이 말할 때 수사법이 바뀐다. "자, 이제 가라!"

바로의 착취체계에 대한 반대 의지는 하나님의 실행자, 구체적으로는 제국 권력으로부터의 도망자, 자유 투사/테러리스트에게로 확대된다. 출애굽 이야기는 하나님의 결단이 인간 실행자에게로 전이되는 방식으로 선회한다. 이제 모세는 절대권력에 도전하는 계시와 진리의 운반자, 대행자, 그리고 증언자가 된다. 따라서 출애굽 내러티브는 그리스도인들에게 수수께끼 같은 공식을 예기(豫期)하는 방식으로 '거룩한 의도'와 '인간의 대행'을 교묘하게 연결한다. 즉, 한 위격 안의 두 본성, 한 행위자 안에 두 결단을 내포한다. 여호와가 모세에게 부여한 명령의 결과는 그 누구도 모세의 주도권을 일차원적인 인간의 계획으로 오해할 수 없다는 것이다. 이는 모든 정파들에 의해 오랫동안 절대적이고 도전을 용납하지 않는 권력에 대한 새로운 도전이다.

이 순간 이후 바로는 이제 더 이상 사회 권력과 관계의 본성을 마음대로 규정하고 지배할 수 없다. 그리고 모세가 창세기 속 하나님의 현존을 실어 나르는 체화된 진리(bodily truth)를 실행함으로 인해, 바로의 권력은 효과적으로 견제를 받는다. 모세에게 주어진 하나님의 명령은 기본적이다.

"이제 내가 너를 바로에게 보내어 너에게 내 백성 이스라엘 자손을 애굽에서 인도하여 내게 하리라"(출 3 : 10).

그 후에 모세와 아론은 바로에게 가서 그대로 전한다.

"이스라엘의 하나님 여호와께서 이렇게 말씀하시기를 내 백성을 보내라 그러면 그들이 광야에서 내 앞에 절기를 지킬 것이니라"(출 5 : 1).

"그들이 광야에서(바로가 다스리는 영토 밖에서) 내 앞에 절기를 지킬 것이니라"라고 말하는 목적이 바로의 권력을 거부하고 그를 왕위에서 끌어 내리는 예전 드라마에 못지않은 신실함과 열정적인 힘의 극적인 전환임을 모든 당파들이 이해하기에 이른다. 하나님을 향해 시행되는 전복적인 예전이 기성 권력에 대한 직접적인 위협이라는 것은 이미 알려져 있다. 이것은 로메로 대주교의 살해자들과 마틴 루터 킹과 그의 동료들이 거리에서 무릎을 꿇고 기도하는 것, 즉 '극복'의 드라마를 지켜본 백인 권력 엘리트들에 의해 알려진 현실이다.

여호와의 명령에 대한 바로의 반응은 짧고 퉁명스럽다. "여호와가 뉘기에 내가 그를 주목해야 하고 이스라엘로 가게 해야 한다는 말이냐? 나는 그를 알지도 못하고 이스라엘로 가게 하지 않을 것이다"(출 5:2, 저자 사역).

사실상 바로는 조롱하면서 말한다. "그래……누구? 나는 그 이름을 알지 못한다. 따라서 그 권위를 인정할 수 없다." 바로는 마지못해 나선 대행자를 통해 전달된 체화된 진리에 의해 깊은 위기에 놓인다. 그리고 바로 자신도 이를 감지한다.

바로의 권력이 도전받다

이렇게 해서 바로의 권력은 도전을 받는다. 그것은 자연적인 현상으로 설명될 수 없는 확대된 재앙들을 통한 도전이다(출 7-12장). 그리고 재앙은 바로의 권력이 하나님 앞에서는 무기력함을 드러내는 놀라운 하나님의 능력이자 결단이다.

나일강물이 피로 변하고(출 7:14-25), 개구리 재앙(출 8:1-15) 이후에 셋째 대결은 티끌이 이가 되는 재앙이다. 무승부로 끝난 두 번째 대결 후, 세 번째 대결에서 애굽의 마술사들(제국 안에 있는 그리고 제국에 속한 학자들의 명부)은 여호와의 능력을 감당하지 못한다(출 8 : 18). 바로의 권력은 극적인 방식으로 그 한계에 다다랐다. 바로의 권력은 모세와 아론을 통해 나타난 여호와의 권력만큼 강하지 못하다(모기 재앙을 막지 못한 것은 마치 큰 경주에서 원자폭탄을 맞은 가련한 경주자의 처지와도 같다). 그리고 이후에 바로가 여호와의 구원의 능력으로 나아온 모세 앞에서 마지못해 양보하는 것은 여호와의 재앙을 멈추게 하고 싶어서이다.

출애굽기 8장 25절에서 바로는 자신의 권력이 더 이상 절대적인 것이 아님과 이로써 타협할 수밖에 없음을 안다. 그는 히브리 노예들이 "하나님에게 예배"하도록 허락하지만, 광야로 나가지 않고 애굽 '땅 안에서', 즉 제국의 감독과 감시 아래에서 예배할 것을 요구한다. 모세가 그의 어쩔 수 없는 타협안을 거절하자, 바로는 광야로 나가게는 하지만 "너무 멀리 가지" 못하게 한다(출 8 : 28). 그런 다음 바로는 모세에게 부탁한다. "나를 위하여 간구하라"(출 8 : 28). 이는 바로가 이제는 자신의 권력을 어느 정도 양보하면서 살아야만 하는 새롭게 바뀐 세상에 대해 약간은 깨닫고 있음을 드러내준다. 그의 행위는 항상 새로운 권력의 흐름에 대하여 깨닫는 데 둔할 뿐만 아니라 사실상 승부는 이미 끝났다는 사실을 인정하지 않고 포기하지 않는 쫓겨난 독재자의 일상적인 행동방식을 보여주는 것이다.

바로는 출애굽기 10장 8절에서 일부의 사람들은 여호와를 섬기러 가도록, 즉 충절의 대상을 바꾸도록 허락하지만, 책략으로서의 질문을 던진다. "갈 자는 누구 누구냐?"

그것은 마치 독재자가 떠날 사람들의 할당을 허용한 다음, 지도자로 하여금 남을 사람을 선발하도록 요구하는 것과 같다. 우리는 이미 아우슈비츠 수용소를 통해 이러한 선발이 무엇을 의미하는지 안다. 물론 모세는 그 제안을 거절하고 모두가 아니면 아무도 가지 않을 것 — 넬슨 만델라(Nelson Mandela)가 그의 동료들과 함께 하는 것이 아니라면 감옥에서 떠나지 않을 것임을 선포했던 방식의 얘기 — 이라고 선언한다.

그러자 출애굽기 10장 24절에서 바로는 이스라엘의 양들과 소들을 담보로 남겨두기를 원한다.

"너희는 가서 여호와를 섬기되 너희의 양과 소는 머물러 두고 너희 어린 것들은 너희와 함께 갈지니라"(출 10 : 24).

이에 모세는 다시 거절한다.

"한 마리도 남길 수 없으니"(26절).

모세는 흐름이 바뀌었음을 알고 있다. 그는 바로와 협상할 필요가 전혀 없다. 그리고 바로는 자신이 죄를 범했음을 두 번 인정한다.

"이번은 내가 범죄하였노라 여호와는 의로우시고 나와 나의 백성은 악하도다 여호와께 구하여 이 우렛소리와 우박을 그만 그치게 하라 내가 너희를 보내리니 너희가 다시는 머물지 아니하리라"(출 9 : 27 – 28).

"내가 너희의 하나님 여호와와 너희에게 죄를 지었으니 바라건대 이번만

나의 죄를 용서하고 너희의 하나님 여호와께 구하여 이 죽음만은 내게서 떠나게 하라"(출 10 : 16 - 17).

바로는 이제 안다. 그러나 그는 히브리 노예들과 함께하신 여호와 하나님의 진리가 그의 흔들리는 권력을 무너뜨리고, 그가 한때 소유했던 모든 정당성을 부정했다는 사실을 여전히 직시하지 못한다. 바로의 고백과 기도는 여호와 '하나님을 인정하는 것'이었지만, 모세는 그것을 '진정한 인정'이라기보다는 '전략적인 책략'으로 받아들인다. 그래서 모세는 다시 이렇게 대답한다.

"내가 성에서 나가서 곧 내 손을 여호와를 향하여 펴리니 그리하면 우렛소리가 그치고 우박이 다시 있지 아니할지라 세상이 여호와께 속한 줄을 왕이 알리이다"(출 9 : 29).

바로는 온전히 알아야 하고, 인정해야 하며, 받아들여야 하고, 순종해야 했다.[16] 실제로 출애굽기 10장 7절에서 바로는 끝까지 순종하지 않은 유일한 자로 남아 있다. 이는 그의 가장 충직한 신하들이 더 잘 알고 있었다.

---

16) 구약성경의 후기 문서에 속하고 애굽의 여호와 하나님과의 온전하고 적극적인 관계를 예기하는 이사야 19장 21~22절 말씀을 주목해야 한다. "여호와께서 자기를 애굽에 알게 하시리니 그 날에 애굽이 여호와를 알고 제물과 예물을 그에게 드리고 경배할 것이요 여호와께 서원하고 그대로 행하리라 여호와께서 애굽을 치실지라도 치시고는 고치실 것이므로 그들이 여호와께로 돌아올 것이라 여호와께서 그들의 간구함을 들으시고 그들을 고쳐 주시리라".

바로의 신하들이 그에게 말하되 "어느 때까지 이 사람이 우리의 함정이 되리이까 그 사람들을 보내어 그들의 하나님 여호와를 섬기게 하소서 왕은 아직도 애굽이 망한 줄을 알지 못하시나이까?"

왕에 대한 이러한 조언은 1960년대 린든 존슨(Lyndon Johnson) 대통령의 참모들이 "베트남 전쟁은 패배이고 존슨의 정치적인 유산으로 남은 것을 파괴할 수 있을 뿐"이라는 사실을 너무나도 잘 알았던 그때의 상황과 별반 다르지 않다. 바로의 저항 정책은 자기 자신과 그의 왕권을 휘청거리게 만들었다. 그러나 스스로를 절대적이라고 생각하는 무자비한 권력은 시간이 지나가도 전혀 깨닫지 못한다.

이제 출애굽 드라마의 결론 장면에서 바로는 결국 여호와 하나님의 "해방의 진리"에 놀라서, 모세를 불러 그에게 탄원하기에 이른다.

"너희와 이스라엘 자손은 일어나 내 백성 가운데에서 떠나 너희의 말대로 가서 여호와를 섬기며 너희가 말한 대로 너희 양과 너희 소도 몰아가고 나를 위하여 축복하라"(출 12 : 31 – 32).

바야흐로 '권력'은 '진리'를 인정해야 한다. 여기서 권력을 만나는 진리는 주의를 기울이는 '하나님의 결단'과 고통스러워 크게 울부짖는 노예들의 '육체적 주장'의 조합이다. 마지막이 되어서야 받아들이는 바로는 이제 그의 착취권력이 그 어떤 미래도 지니지 못함을 안다. 실제로 그는 마지막에 그 이상, 즉 "거룩의 이주"(the migration of the holy)에 대해 알게 된다.[17] 하나님의 거룩이 애굽을 떠나 큰 소리로 자유를 요구하는 격분한 노예들의 무리 위에 머물렀다. 그래서 바로는 이 극적인 환경에서 마지막 발언을 하게 된다. "나를 위하여 축복하라"(출 12 : 32).

우리는 바로의 마지막 말을 통해 거대한 세상 권력이었던 애굽이 무릎을 꿇고 탄원조로 요청하는 소리를 듣는다. 그것은 변혁의 능력으로써 근본적인 공적 진리를 대행하는 모세를 통해, 하나님으로부터의 생명을 위한 능력이라는 축복이 주어지게 해달라는 탄원이요 요청이다. 이러한 마지막 절정의 요청은 권력의 자리가 이동했다는 것을 인정하는 숨막히는 장면을 연출한다. 결국 신적인 거룩함이 이제 현실 권력으로 하여금 도움을 요청하는 말을 하게 만드는 참을 수 없는 인간의 고통과 동맹을 맺는 것이다.[18]

이제 이 내러티브에서 마지막으로 언급된 내용을 살펴보자. 이미 알고 있겠지만 성경의 본문은 보도가 아니다. 그것은 오히려 일어난 사건으로부터 일정한 거리를 두고 행하는 기억에 기초한 비판적인 성찰이다. 성경의 이야기꾼들은 출애굽기 10장 1~2절에서 이러한 자의식적인 해석적 지향성을 부여한다. 바로는 완악한 마음을 가지고 행동했다. 다시 말해서 그는 받아들였다가 철회하고, 또 인정했다가 거둬들였다. 성경의 이야기꾼들에 따르면, 바로가 그렇게 행동한 이유는 이야기가 계속 진행되도록 하기 위함이었다. 에피소드 후에 또 다른 에피소드가 뒤따르면서 그

---

17) 카바노(Cavanaugh)는 *Migrations of the Holy*에서 근대 초기에 '주의 영광'이 교회에서 민족국가들로 옮겨간 방식을 추적한다. 나는 카바노의 표현을 사용함으로써 출애굽 내러티브에서 주의 영광이 다른 방향으로 움직여 가는 것, 즉 바로의 왕국을 떠나 여호와의 공동체로의 이주가 일어나고 있음을 주장한다.
18) *Exodus and Revolution*, 149쪽에서 Walzer는 다음과 같은 문장으로 그의 연구의 결론을 내린다. "함께 참여하고 전진하는 것 외에 여기서 저기로 다다를 길은 없다."

이야기가 계속 진행되도록 한 이유에 대해 출애굽기의 저자는 이렇게 기록하고 있다.

> "나의 표징을 그들 중에 보이기 위함이며 네게 내가 애굽에서 행한 일들 곧 내가 그들 가운데에서 행한 표징을 네 아들과 네 자손의 귀에 전하기 위함이라 너희는 내가 여호와인 줄 알리라"(출 10 : 1-2).

그 목적은 공적인 드라마에서 주인공인 여호와 하나님의 능력을 증거하는 것이며, 더 나아가 후손들에게 말하는 것이다. 이것이 이야기 형식의 교습 커리큘럼이다. 그 결과 너와 네 자손은 바로와는 달리 역사 속에서 여호와 하나님을 알게 될 것이다. 또한 이스라엘 후손들은 권력과 진리의 지형도가 복잡하고 다차원적임을 알게 될 것이라는 의도가 담겨 있다. 그 내용을 요약하자면 권력이 공적 영역에서 실행될 때에 사회적 고통이 빚어내는 변혁적인 잠재능력에 둔감했던 바로가 가지고 있는 권력에 유혹되어서는 안 된다는 것이다.

출애굽 이야기 : 진리 논쟁자로서 읽기

우리 자신이 이 내러티브들을 배우고, 사회화된 후손들이 이와 같은 여러 가지 측면의 증언을 계속해서 읽는다. 실제로 이것이 단지 하나의 이야기일 뿐임을 알면서도, 통렬한 동시대성을 담고 있기에 계속 읽게 된다. 그것은 하나의 교설(敎說)이나 명제 혹은 증명이 아니다. 우리는 심지어 그 내러티브 이면에 어떤 역사가 도사리고 있는지 알지 못하지만, 그 이야기를 너무 심각하게 받아들일 필요가 없음을 안다. 왜냐하면 하나의 이야기일 뿐, 그 이상은 아니기 때문이다. 그럼에도 불구하고 주의 깊게 읽으면 심오한 진지함에 사로잡힌 우리 자신을 발견하게 된다. 이때 우리는 옛 이야기를 현실로 전이하는 노력에 대해 묻게 된다. 즉, 네 명의 등장인물과 바로 눈앞에서 계속해서 재연되는 이야기의 핵심에 대해 묻게 된다.

1. 현실 속에서 반 이웃적이고 착취적인 방식으로 행동하고, 탐욕적인 이윤획득을 위해 조직된 정치·경제 체계를 작동하는 악인 바로의 역할을 누가 맡고 있는가?
2. 기력을 완전히 소진한 가운데서도 더 이상 진실에 눈먼 상태로 있기를 원하지 않기에, 침묵을 깨뜨리는 기진한 노역자들의 울부짖음은 어디에서 들려오는가?
3. 고통받는 자들의 편에서 기성체제의 권력을 전복하거나 위태하게 하는 방식으로 참여하시는 하나님의 거룩한 능력은 어디에 있는가?
4. 해방의 주님이 의도하는 거룩한 대안을 실행하는 하나님의 대리인은 누구인가?

이러한 질문들에 대해 감히 대답하려고 할 때, 늘 그렇듯이 우리는 고통과 거룩함이 전복적으로 결합할 경우 사회적 권력의 지형도가 진리에 의해 뒤바뀌어지는 사실에 주목하게 된다. 그렇게 뒤바뀐 사회적 권력의 지형도를 보면서 그 드라마가 늘 또 다시 '혁명적인' 잠재력을 지니고 있고, 동시에 우리의 통제체계들을 무력화시키는 '계시적인' 목적을 보여 주고 있음을 깨닫게 된다. '혁명성'과 '계시성'의 대면이 이러한 이야기의 특성이고, 그것은 늘 신선한 재연을 기다린다.

우리는 그러한 이야기에 참여하고 신선한 재연을 즐기면서, 본래의 실행을 통해 맺어진 결실을 확인하게 된다.

- 그들(히브리 노예들)은 비록 바로의 체제가 지속적으로 식량을 공급해 주었던 일을 회상하기도 했었지만, 그 순간에도 바로의 체제에서 자신들을 분리시켰다(민 11 : 4-6을 보라).
- 그들은 바로와 그의 군대가 쫓아올 수 없는 위험한 깊은 물(홍해 : 역자주)을 통과했다.
- 그들은 깊은 물을 가로질러 반대편에 도달했고, 그곳에서 처음으로 흥겹게 춤을 추었다. 해방된 그들의 몸은 더 이상 바로의 요구를 받지 않으며, 벽돌 할당으로부터 자유롭게 되었다. 이에 모세는 찬양했다. "여호와께서 영원무궁하도록 다스리시도다"(출 15 : 18).
- 미리암과 다른 해방된 여성들도 찬양하고 춤추었다. "너희는 여호와를 찬송하라 그는 높고 영화로우심이여 말과 그 탄 자를 바다에 던지셨음이로다"(출 15 : 21).

그들은 물을 넘고 광야를 지나 새로운 계약을 형성하는 시내산을 향해 간다. 출애굽 내러티브에서 이야기 줄거리의 순서는 계약적인 대안을 위한 해방의 가능성이 세상이 인습적으로 권력을 지형화 하는 것에서 떠날 것(엑소더스)을 요구한다는 점을 명확히 보여 준다. 그러한 인습적인 권력의 지형화는 인간의 부르짖음과 거룩한 신적 결단의 결합, 즉 바로가 결국 저항할 수 없었던 결합을 고려하지 않는다.

따라서 감히 다음과 같은 교회를 상상하게 된다.

    1. 부르짖음을 듣고
    2. 대안을 위해 도전하고
    3. 대안을 실행하며
    4. 노예됨을 넘어 춤추는 교회

  이것이 바로 우리가 실행하려는 용기를 가질 때에 계속해서 재연하게 되는 내러티브이다. 그러나 대부분 바로의 내러티브로 인해 소심해지고 권력에 길들여지기 일쑤다. 바로의 체계는 우리를 끊임없는 착취의 할당제에 옭아매고, 생산과 소비의 할당제에 묶어 버린다. 그러한 묶임은 심지어 예수의 제자들에게서도 분명하게 나타난다. 마가는 제자들에 대해 보도한다. "그들이 그 떡 떼시던 일을 깨닫지 못하고 도리어 그 마음이 둔하여졌음이러라"(막 6 : 52).

  '둔한 마음'에 대한 언급은 제자들이 전형적인 완악한 마음을 가진 바로처럼 생각했다는 뜻이다. 그들은 바로와 같이 탐욕, 불안, 그리고 자기 안전의 방식으로 생각했다. 그 결과 그들은 해방의 하나님이 주신 풍성한 떡을 깨달을 수 없었다. 제자들은 오래된 권력의 이데올로기에 사로잡혀서 '옛 만나 이야기'에서 실행되고, 또 예수의 복음에서 반복된 은총의 진리가 지닌 풍성한 의미를 놓치고 말았다. 늘 그 역사의 사건이 또 다시 재연되고, 그 결과 우리 가운데 반복적으로 일어나는 억압을 인식하게 되며, 해방의 진리에 대한 응답으로 권력의 굴레로부터의 탈출이 억압받는 사람들의 부르짖음에 의해 촉발된다는 사실은 놀라운 일이 아니다.

TRUTH SPEAKS TO POWER

CHAPTER 02

보이는 권력, 보이지 않는 거대한 힘의 진리

솔로몬

솔로몬

구약성경의 권력에 대해 생각할 때 솔로몬은 반드시 떠오를 수밖에 없는 인물이다. 오늘 우리 시대의 언어로 말하자면, 솔로몬은 세계경제의 중심에 서 있었기에 성경 본문에서 고대 이스라엘 권력의 절정으로 기억된다.

평화(shalom)의 운명

우리는 일차적인 성경 본문에서 솔로몬을 만난다. 그는 다윗의 약속에 토대를 두고 통치술을 연마하며, 여호와 하나님과 친밀하고 측근들에게는 경외의 대상이 되며, 이웃 통치자들에게는 대단히 존경을 받는 여호와 하나님에게 속한 '운명의 사람'으로 등장한다(왕상 3-10장).

솔로몬은 다윗과 밧세바 사이에서 태어났으며, 두 사람의 간통으로 태어난 아들이 죽은 후에 얻은 '약속의 아들'이다(삼하 12 : 15-23, 24-25). 그는 여디디야, 즉 '주의 사랑을 받는 사람'이라는 이름으로 불린다. 그 이름은 아버지 다윗과 마찬가지로 솔로몬이 여호와 하나님의 특별한 대우와 특혜를 누릴 것임을 상징한다.

솔로몬이라는 그의 왕명은 '온전한 평화'(shalom)라는 단어와 연결된 이름이다. 이렇게 해서 그는 자신의 통치 영역으로 '온전한 평화'를 운반하는 사람, 온전함, 평화, 그리고 안녕(well-being)을 가져오는 사람이 된다.

솔로몬은 예로부터 '샬롬'과 같은 뜻을 가진 '살렘'(Salem)으로 기억되는 도시인 예루-'살렘'에서 통치한다(창 14 : 18). 이 옛 이름은 그 도시를 아브라함과 예루살렘에 있는 우주를 지탱하는 성전을 주재하는 창조주 하나님과 연결시킨다.

> "천지의 주재이시요 지극히 높으신 하나님이여 아브람에게 복을 주옵소서 너희 대적을 네 손에 붙이신 지극히 높으신 하나님을 찬송할지로다"(창 14 : 19-20).

이 기억된 송영의 자리가 종교의 성소였기에 솔로몬의 성전 찬양이 그 고대 송영의 상속자요 메아리일 것이라는 추측은 설득력이 있다(왕상 8 : 12-13을 보라).

예루-'살렘'의 '샬롬'의 담지자인 솔로몬은 의례를 통해 '예루살렘의 평화'(pax Jerusalem), 곧 새로운 평화와 번영의 세계질서를 수립한 것으로 보증되고 있다. 대개 야심이 담긴 사업이 그렇듯이, 그러한 야심 있는 평화와 번영의 침묵은 왕조와 왕의 도시가 세계경제의 생산과 수입의 목적

위에 세워져야만 한다는 것이다. 따라서 정치와 경제 전반에 걸쳐서 가시적으로 나타나야 하는 효과적인 세상 권력을 생각할 때마다, 솔로몬이 고대 이스라엘의 중심으로 떠오른다. 비록 지구적 차원은 아니지만 그 어떤 일반적인 추론에 의해서도 솔로몬은 농경에 종사하던 수수한 산악 국가 백성들을 아주 주목할 만한 국지적인 위상을 지닌 백성으로 전환시킨 선한 왕으로 불려진다.

솔로몬의 성공

성경에 관한 고대의 설명에서 오직 평화로만 보는 솔로몬에 대한 묘사는 성경 전통에 대한 비판을 뒤로 하고 단순히 순진한 믿음으로만 읽을 때에 주어지는 대중적인 기억과 견줄 수 있다. 따라서 대부분의 사람들은 솔로몬을 이해할 때 교회의 가르침이나 보다 넓게는 일반 가정에서도 커다란 성공을 이룬 자로 기억하고 있다.

첫째, 솔로몬은 여호와 하나님 자신의 영광과 현존을 확실하게 보여 줄 수 있는 부와 장인정신의 위대한 전시물인 성전 건축으로 존경을 받는다(위에서 인용된 왕상 8 : 12-13을 보라). 솔로몬의 성전은 감탄을 자아내는 예술적 상상력을 보여 주기에, 오늘날 과연 그것에 견줄 만한 현대적인 작품이 있는지 골똘히 생각하게 된다.

또한 솔로몬과 그의 성전 및 석공들을 프리메이슨 결사단[1]과 연관시키는 것이 성전에 대한 대중적인 상상을 촉진시켰음은 의심할 여지가 없다.[2] 18세기에 프리메이슨들은 유럽의 파괴적인 소종파주의(sectarianism)를 극복하려는 비종파적인 공동체적 종교를 제안했다. 우리는 솔로몬 성전이 바로 그 질서를 위한 적합한 아이콘이었음을 알 수 있다. 왜냐하면 솔로몬 성전은 이스라엘의 초기 전통의 특징이었던 소종파적 진리와 다른 국가들과 현저히 다른 당혹스러운 특수성을 극복하려고 했기 때문이다. 그래서 솔로몬 성전은 현대의 해석에서 오래된 논쟁적인 경쟁 주장들을 넘어선 세련된 종교적 표현으로 기능했다.[3]

둘째, 솔로몬은 그 지혜에 대한 평판, 곧 열왕기상 3장 16~28절에 기록된 거의 민담에 토대를 둔 논쟁인 아이를 둘러싼 두 여인 사이의 재판을 전해주는 평판을 향유한다. 본문이 전하는 솔로몬의 판결은 모성애에 대한 열정과 "칼을 내게로 가져오라"(왕상 3 : 24)라는 끝장을 보기 위한 무

---

1) 역주 : 프리메이슨(freemasonry)은 16세기 말에서 17세기 초에 발생한 인도주의적 박애주의를 지향하는 우애단체(fraternity : 친목단체) 혹은 취미 클럽이다. '프리메이슨'(freemason)이라는 낱말은 엄밀하게는 각 회원들을 가리키는 말이며, 정확한 단체명은 '프리메이슨리'(freemasonry)이다. 프리메이슨은 오늘날 전 세계 곳곳에 여러 형태로 존재하며, 스코틀랜드 그랜드 롯지와 아일랜드 그랜드 롯지 관할 아래 약 150,000명, 영국 연합 그랜드 롯지 관할 아래 약 250,000명 등 영국과 아일랜드에 약 400,000명이 있고, 미국에 약 2백만 명이 있는 등, 전 세계적으로 약 6백만 명의 회원이 있는 것으로 추정되고 있다(참조, 한국 위키백과).
2) Walter Brueggemann, *Solomon : Israel's Ironic Icon of Human Achievement* (Columbia : University of South Carolina Press, 2005), 238-242쪽을 보라. 솔로몬에 대한 이러한 논의보다 일반적인 내용을 위해 이 책은 필자의 현재의 해석적 코멘트를 위한 배경을 제공한다.
3) William Cavanaugh는 그의 두 책 *The Myth of Religious Violence : Secular Ideology and the Roots of Modern Conflict*(Oxford : Oxford University Press, 2009)와 *Migrations of the Holy : God, State, and the Political Meaning of the Church*(Grand Rapids : Eerdmans, 2011)에서 종교기관들이 결국 국가 기관들보다 더 폭력적이지 않다는 점을 보여 주기 위해 흥미진진한 주장을 한다. 따라서 고대 이스라엘에서 종파적인 것을 극복하기 위한 솔로몬의 시도는 그의 국가가 덜 폭력적일 것이라는 그 어떤 보증도 아니다.

자비해 보이는 명령으로 왕의 냉소적인 용기와 세상적인 지혜를 증거한다. 그 결과 올바른 판결에 이르기 위해 아이의 친모가 아닌 자의 속임수를 꿰뚫어 보는 칭송받을 만한 솔로몬의 능력이 드러난다. 그러므로 재판 이야기의 설명이 위대한 긍정으로 마무리되는 것은 전혀 이상하지 않다.

"온 이스라엘이 왕이 심리하여 판결함을 듣고 왕을 두려워하였으니 이는 하나님의 지혜가 그의 속에 있어 판결함을 봄이더라"(왕상 3 : 28).

솔로몬은 정의를 시행하는 '지혜의 실행자'로 등장한다. 성전 건축과 지혜의 조합은 일반적인 가정에서 예정된 샬롬 왕으로서의 성공을 낳았다. 그 결과는 전 세계를 그의 발아래 두는 부와 권력과 위엄으로 뒤덮인 통치자의 모습을 보여 준다.

"솔로몬 왕의 재산과 지혜가 세상의 그 어느 왕보다 큰지라 온 세상 사람들이 다 하나님께서 솔로몬의 마음에 주신 지혜를 들으며 그의 얼굴을 보기 원하여 그들이 각기 예물을 가지고 왔으니 곧 은 그릇과 금 그릇과 의복과 갑옷과 향품과 말과 노새라 해마다 그리하였더라"(왕상 10 : 23 – 25).

열왕기상에서 스바 여왕은 전 세계를 대표하고 체화하는 인물로 나타난다. 본래 스바 여왕은 그의 경쟁자요 대항자가 되었어야 했지만, 사실상 솔로몬의 위엄에 눌려 완전히 압도되었다. 열왕기상 10장 5절에 대한 일반적인 이해는 이렇다. "여왕이 완전히 정신을 잃었다." 정신(ruah)이라는 단어 또한 숨(breath)과 동의어일 것이기에, 이 문장을 "솔로몬이 그녀의 숨을 취했다."라고 이해할 수도 있을 것이다. 즉, 솔로몬은 그들의 숨을 취한 고대의 통치자로 등장한다. 심지어 현대 우리들의 상상 속에서도 동일한 반응이 나타난다. 솔로몬의 성전과 지혜, 그리고 그의 위엄은 실제로 사람의 숨을 취하고, 그의 성취는 우리를 매우 놀라게 한다.

권력 아래에 놓인 진리를 찾아야 한다

하지만 진리의 맥락에서 솔로몬의 권력을 살펴보면, 본문을 너무 맹목적으로 읽어서는 안 됨을 깨닫게 된다. 솔로몬에 대한 고대의 상상이나 현대의 대중적인 의미를 있는 그대로 받아들여서는 안 될 것이다. 오늘날의 우리는 자신의 자리에서 모든 새로운 세계질서를 의심해 볼 수 있을 만큼 충분한 지식을 지니고 있다. 그러한 노력은 결코 세상물정 모르거나 현실 앞에 초연한 것이 아니다. 그것은 폭력을 통해 행사된 자기이해(self-interest)를 위한 최전선(front)이다. 우리는 20세기의 폭력적인 이데올로기들과 거드름을 피우며 절대주의를 행사하던 통치자들의 가식적인 태도를 있는 그대로 받아들이지 않을 만큼 충분한 통찰력을 가지고 있다. 우리가 오늘날의 시각에서, 또 대중의 시각에서 고대의 솔로몬에 대한 성경기자의 상상력을 맹목적으로 읽지 않음은 '성경을 신중하게 다루는 것'을 의미한다. 그럼에도 불구하고 우리는 본문말씀에서 솔로몬이 자신이 통치하던 지역에서 권력의 공백이 생겼을 때 평화로운 질서를 위해 실제로 권력, 번영, 그리고 성공을 획득할 가망성에 직면했다는 사실을 쉽사리 알 수 있다. 이는 단순히 가능성이 높은 하나의 견해가 아니다. 또한 그는 정치적 야망과 성공에 대한 엄청난 유혹에도 직면했다. 솔로몬을 연구하는 고대의 해석자들은 정치적 슬로건으로 솔로몬, 그의 측근, 그리고 그의 유산에 대한 엄청난 유혹을 그 대상으로 삼는다.

그들(그리고 오늘날의 우리들)이 직면하는 위험은 실제적인 사실들을 바닥으로 내팽개치는 성경기자들의 기록을 무분별하게 믿는 것이다. 따라서 진리가 어떻게 권력에 영향을 주는지 궁금해하는 분별력을 가진 독자는 권력에 대한 고대의 성경기자들의 보도들을 액면 그대로 받아들이지 않고, 두꺼운 포장에 싸여 있는 권력의 주장들을 위협하는 진리의 암시들의 이면을 들추어 보려고 하는 경향이 있다. 우리는 열왕기상 3~11장의 솔로몬에 관한 본문들이 단순 보도가 아니라 해석적인 상상의 예술 행위임을 안다.[4] 결과적으로 우리는 본문에 있는 그대로 읽는 것과는 다른 어떤 것, 즉 위대한 왕의 유업에 대한 보다 미묘하고도 복잡한 증언이 있음을 알게 된다.

우리는 본문의 미묘한 의미를 인식하기 위해 문학적 표현인 아이러니한 암시에 주목할 것이다. 캐롤린 샤프(Carolyn Sharp)는 특별히 "구약성경 본문들에서 아이러니와 왕권이 교차한다는 사실"[5]에 주목했다. 그녀는 솔로몬과 거래했던 외국의 통치자들에게 관심을 가지면서, 성경의 기자들이 위험스런 권력체계를 풍자할 수 있을지 분석해 보았다. 그러

---

4) 나는 솔로몬 전승들에 대한 준거와 함께 역사성의 문제를 속아 내려고 하지 않았다. 나는 단지 본문을 우리에게 주어진 대로 읽으려고 했다. 이 문제에 대하여 William G. Dever, *What Did the Biblical Writers Know and When Did They Know It?*(Grand Rapids : Eerdmans, 2001), 97−157쪽을 보라.
5) Carolyn Sharp, *Irony and Meaning in the Hebrew Bible*(Bloomington : Indiana University Press, 2009), 49쪽.

나 의심할 여지없이 그러한 위험스런 권력체계는 이스라엘 밖에서만이 아니라 이스라엘 안에서도, 가장 현저하게는 솔로몬의 통치에서 존재했다. 웨인 부스(Wayne Booth)는 저자와 독자 사이의 '은밀한 공모'(secret communion)에 대해 보다 광범위하게 서술했다.[6] 여기서 그가 의미하는 '공모'(collusion)란 저자가 "이면에 써 놓은 의미를 독자가 깨닫는 것"이다. 그래서 저자와 독자는 고대의 대중적인 상상력이나 현대의 대중적인 해석의 주문(mantras)에 영향을 받지 않은 채 성경 본문의 표면 밑에서 왕권에 대한 사실을 서로 소통하며 공모하는 것이다. 이것이 바로 경계심을 늦추지 않는 독자들이 주목하게 되는 이중적인 말(doublespeak)[7] 이다.[8]

우리의 주제인 "권력과 진리"는 솔로몬의 이야기에서 거슬리는 진리에 대한 직접적 해명을 거의 전면에 내세우지 않는다. 아마도 그 이유는 내러티브가 너무 당혹스럽고도 타협의 여지없이 솔로몬을 칭송하기 때문일 것이다. 그 결과 솔로몬의 이야기에서 진리의 힘은 아마 필연적으로 보다 간접적이고 불연속적인 특징을 지니게 된다. 하지만 바로 그 이유로 인해 그 내러티브가 덜 강력하거나 덜 중요한 것이 되어 버리는 것은 아니다. 앞으

---

6) Wayne C. Booth, *The Rhetoric of Fiction*, 2nd ed.(Chicago : University of Chicago Press, 1983), 300쪽.
7) 역주 : '이중적인 말'이란 성경 본문을 순진하게 읽을 때 주어지는 피상적인 의미와 경계심을 늦추지 않고 비판적인 시각을 가지고 읽을 때 주어지는 심층적인 의미, 즉 이중적인 의미를 가리키는 것으로 이해할 수 있을 것이다.
8) 참조. Sharp, *Irony and Meaning*, 220-238쪽. Gail R. O'Day, *Revelation in the Fourth Gospel : Narrative Mode and Theological Claim*(Philadelphia : Fortress Press, 1986), 23쪽. O'Day는 아이러니를 이렇게 정의한다 : "(아이러니란) 어떤 것을 말하면서 어떤 다른 의미를 의도하거나 그것을 말하지 않는 체하면서 어떤 것을 말하는 것이다…… 아이러니에는 언제나 의미의 두 수준 사이에 어떤 종류의 대립 모순, 부조화, 또는 양립불가능성이 있다.

로 우리는 진리와 권력에 대하여 의식적으로 해석해내려고 할 것이다. 그래서 차례로 다음의 세 가지 물음에 주목해 보고자 한다.

첫째, 솔로몬이 어떻게 권력을 획득했는가?
둘째, 솔로몬이 어떻게 권력을 유지했고 행사했는가?
셋째, 솔로몬이 어떻게 권력을 상실했는가?

솔로몬이 권좌에 오르다

솔로몬이 권좌에 오르는 대목은 마치 권력 행사를 설명하는 교재의 일러두기처럼 사건에서 커다란 주목을 받는다. 다윗 왕국의 통치와 솔로몬이 왕위를 계승할 기회에 위기가 발생하는데, 그 위기는 그의 부왕인 노쇠한 다윗이 더 이상 정력을 유지할 수 없기에 생겨난다(왕상 1:1). 솔로몬은 그의 형과 왕위를 놓고 경쟁하면서 곧장 거칠고 험한 왕가 정치의 풍랑 속으로 빠져들어 가게 된다. 현재 솔로몬이 다윗을 이어 통치하게 될 것이라는 사실은 불분명하다. 왕궁의 권력층들은 왕위계승에 따른 다가올 세찬 투쟁을 위해 서로 편을 짜고 있었다(왕상 1:7-8). 결국 솔로몬은 정력적이고 공격적인 투쟁을 통해 권좌에 올랐다.

솔로몬은 야망에 가득 찬 자신을 대신해서 선왕을 속이고 움직이도록 주의 깊게 계획되고 연출된 후견인을 통해서 권좌에 올랐다. 후견 행위의 공모자들은 솔로몬의 모친 밧세바(왕상 1:11)와 궁정 선지자인 나단(왕상 1:8)이었다. 이야기는 그 두 사람의 공모를 상세하게 추적한다.

첫째, 나단은 자신의 권력을 지키기 위해 밧세바에게로 간다. 그리고 그녀가 노쇠한 다윗 왕에게 말하기 위해 치밀하게 준비된 원고를 건넨다.

"당신은 다윗 왕 앞에 들어가서 아뢰기를 내 주 왕이여 전에 왕이 여종에게 맹세하여 이르시기를 네 아들 솔로몬이 반드시 나를 이어 왕이 되어 내 왕위에 앉으리라 하지 아니하셨나이까 그런데 아도니야가 무슨 이유로 왕이 되었나이까 하소서"(왕상 1 : 13).

나단은 효과적인 타이밍을 아는 예민한 감각의 소유자이다.

"당신이 거기서 왕과 말씀하실 때에 나도 뒤이어 들어가서 당신의 말씀을 확증하리이다"(왕상 1 : 14).

밧세바는 나단이 건네준 원고의 내용대로 충실하게 다윗 왕에게 호소한다. 물론 자신의 말을 더해 자신의 역할을 수행한다.

"내 주여 왕이 전에 왕의 하나님 여호와를 가리켜 여종에게 맹세하시기를 네 아들 솔로몬이 반드시 나를 이어 왕이 되어 내 왕위에 앉으리라 하셨거늘 이제 아도니야가 왕이 되었어도 내 주 왕은 알지 못하시나이다 그가 수소와 살찐 송아지와 양을 많이 잡고 왕의 모든 아들과 제사장 아비아달과 군사령관 요압을 청하였으나 왕의 종 솔로몬은 청하지 아니하였나이다 내 주 왕이여 온 이스라엘이 왕에게 다 주목하고 누가 내 주 왕을 이어 그 왕위에 앉을지를 공포하시기를 기다리나이다 그렇지 아니하면 내 주 왕께서 그의 조상들과 함께 잘 때에 나와 내 아들 솔로몬은 죄인이 되리이다"(왕상 1 : 17-21).

밧세바가 다윗 왕에게 탄원하고 있는 중에 나단이 약속한 대로 뒤따라 들어와 그녀의 주장을 거든다.

"밧세바가 왕과 말할 때에 선지자 나단이 들어온지라 어떤 사람이 왕께 말하여 이르되 선지자 나단이 여기 있나이다 하니 그가 왕 앞에 들어와서 얼굴을 땅에 대고 왕께 절하고 이르되 내 주 왕께서 이르시기를 아도니야가 나를 이어 왕이 되어 내 왕위에 앉으리라 하셨나이까…… 이것이 내 주 왕께서 정하신 일이니이까 그런데 왕께서 내 주 왕을 이어 그 왕위에 앉을 자를 종에게 알게 하지 아니하셨나이다"(왕상 1 : 22-24, 27).

나단의 교훈과 이어지는 말은 마찬가지로 교묘하게 계획된 것임을 알 수 있다. 자주 반복되는 "내 주 왕"이라는 표현 위에 주어진 전체 강조와 함께 "말할 때에"(14, 22절)라는 표현 공식은 늙은 왕에게 아첨하고, 그를 유혹하며 조종할 때 자주 사용된다.

여기서 어떤 계획된 구도(scheme)가 작동하고 있다. 늙은 왕은 이제 밧세바와 나단에게 조종당하고 지시를 받으면서 계획된 드라마가 펼쳐지는 칙령을 내린다.

"왕이 이르되 내 생명을 모든 환난에서 구하신 여호와께서 살아 계심을 두고 맹세하노라 내가 이전에 이스라엘의 하나님 여호와를 가리켜 네게 맹세하여 이르기를 네 아들 솔로몬이 반드시 나를 이어 왕이 되고 나를 대신하여 내 왕위에 앉으리라 하였으니 내가 오늘 그대로 행하리라"(왕상 1 : 29 – 30).

극적인 실행은 밧세바의 주문과 함께 마무리된다. 밧세바의 주문은 한편으로는 늙은 왕을 칭송하면서 동시에 그녀 자신의 선포를 증명하는 이중적인 뜻을 담고 있다. "내 주 다윗 왕은 만세수를 하옵소서"(왕상 1 : 31). 이 표현 공식은 속이 보이는 노골적인 모순을 드러내지 않으면서도 이 문맥에서 호기심을 자아낸다. 정확하게 말해서 그녀의 희망은 늙은 다윗 왕이 만세수를 누리는 것이 아니다.

다윗 왕은 이어서 솔로몬에게 왕위 계승의 정통성을 부여하는 명령을 내리게 된다.

"거기서 제사장 사독과 선지자 나단은 그에게 기름을 부어 이스라엘 왕으로 삼고 너희는 뿔나팔을 불며 솔로몬 왕은 만세수를 하옵소서 하고 그를 따라 올라오라 그가 와서 내 왕위에 앉아 나를 대신하여 왕이 되리라 내가 그를 세워 이스라엘과 유다의 통치자로 지명하였느니라"(왕상 1 : 34 – 35).

이 이야기의 흐름은 적절한 결론을 향해 효과적으로 나아가는 교묘하게 계획된 일련의 언어들로 이루어져 있다. 우리는 이러한 행동을 보도하는 내레이터가 배경에 대해서 그 어떤 평가나 해석을 제시하지 않는다는 점에 주목하게 된다. 여기서는 단어들이 "스스로 말한다"고 표현하는 것이

적절하다. 전체 단어들이 표현하는 바는 다윗이 솔로몬에게 행한 왕위 지명이 적법하지 않고 단지 속임수라는 것이다. 솔로몬에게 준 다윗의 선물은 완전히 인위적이다. 다시 말해서 그것은 그의 교활하고 이중적인 측근들(밧세바와 나단)의 명령에 의해서 행해졌다는 뜻이다.

권력, 기만, 그리고 폭력

'기만'을 통해 왕위 계승을 성취하고 난 뒤, '폭력'을 통해 그것을 공고히 하려는 후속 조치가 행해진다. 솔로몬이 왕위에 오르자 그의 형 아도니야는 그를 두려워하게 된다(왕상 1:50). 솔로몬은 자신의 경쟁자인 형을 잠시, 그리고 잠정적으로 구제한다.

"그가 만일 선한 사람일진대 그의 머리털 하나도 땅에 떨어지지 아니하려니와 그에게 악한 것이 보이면 죽으리라"(왕상 1:52).

사실상 새로운 왕은 불길한 조건을 달고 있는 '만일'과 '~일진대'이라는 표현으로 그의 형의 운명을 미해결 상태로 둔다.

2장에서 솔로몬은 노쇠한 부친의 조언을 듣는다. 1~4절과 5~9절의 병치 자체가 엄청난 아이러니이다. 1~4절에 나오는 다윗의 조언은 토라(Torah)에 순종하라는 내용이다. 5~9절에 담긴 조언은 왕위를 공고히 할 강압적인 행위들을 촉구한다. 아마 다윗 왕의 두 가지 조언 사이의 불일치를 의도적으로 주목할 필요가 있다. 5~9절에서 다윗 왕은 잠재적인 위협이 되기에 제거해야 할 솔로몬의 두 명의 적들을 지목해 준다. 첫째 인물은 군대 장관 요압이다.

> "네 지혜대로 행하여 그의 백발이 평안히 스올에 내려가지 못하게 하라"(왕상 2 : 6).

이어 왕가를 도운 공로로 인해 넉넉한 상이 허락된 바르실래에 대한 긍정적인 지침(왕상 2 : 7) 후에 노쇠한 왕은 두 번째 인물인 시므이에 대해 조언한다.

> "그러나 그를 무죄한 자로 여기지 말지어다 너는 지혜 있는 사람이므로 그에게 행할 일을 알지니 그의 백발이 피 가운데 스올에 내려가게 하라"(왕상 2 : 9).

이 두 경우 모두 다윗은 왕가의 지혜를 권좌를 유지하기 위한 정적 거세로 연결시킨다. "네 지혜대로"(6절)와 "너는 지혜 있는 사람이다"(9절). 그러나 지혜에 호소하는 것이 폭력적인 정적 제거의 무자비한 필연성을 숨기지 못한다. 물론 이것은 3장의 생동감 넘치는 민담과 매우 다른 지혜이다. 솔로몬은 이 생생한 민담에서 그의 지혜에 대한 대중적인 평판을 확실히 한다. 이제 지혜는 권좌를 확실히 하기 위해 필수적인 것, 즉 정적 제거, 필수적인 폭력을 행할 의지이다.

부친의 명령은 아들에 의해 수행된다(왕상 2 : 13-46). 반복되는 독특한 정적 제거의 공식은 영화 〈대부〉(The God-father)에서의 대량 살상의 극적인 예측(anticipation)과 동일하다. 영화 〈대부〉에서 적들은 겉으로 드러난 명분(veneer of propriety)이 옳을 때에도 조직적으로 죽임을 당한다.

아도니야는 솔로몬에 대한 도전에 해당하는 어리석은 행동을 하며, 이는 가볍게 넘길 수 없는 것이었으며, 결국 그의 적대자에게 구실을 제공하는 꼴이 된다. 부친의 후궁들을 취하려는 욕망은 노골적인 '도전 행위'이다. 아도니야가 위험을 감수하면서까지 했던 이러한 행동은 이상하게 느껴진다(왕상 2 : 15-18).[9] 하지만 밧세바가 그 요구의 중심에 있다는 사실 — 아도니야가 자신을 죽여도 좋다는 각서를 쓸 수밖에 없도록 강요된 상황이 아닌지 의심하게 하는 사실(왕상 2 : 19-24) — 이외에는 아무것도 알 수 없다.

진정성이 있든지 아니면 계략이 있든지 간에 사태는 밧세바가 도모한 대로 진행된다. 그리고 새로운 왕은 격노한다.

> "어찌하여 아도니야를 위하여 수넴 여자 아비삭을 구하시나이까 그는 나의 형이오니 그를 위하여 왕권도 구하옵소서 그뿐 아니라 제사장 아비아달과 스루야의 아들 요압을 위해서도 구하옵소서 하고 여호와를 두고 맹세하여 이르되 아도니야가 이런 말을 하였은즉 그의 생명을 잃지 아니하면 하나님은 내게 벌 위에 벌을 내리심이 마땅하니이다 그러므로 이제 나를 세워 내 아버지 다윗의 왕위에 오르게 하시고 허락하신 말씀대로 나를

---

[9] 사무엘하 16장 20~23절에 나오는 선왕의 후궁들을 취하는 동일한 행위에 대한 보다 이전의 내러티브 보도를 참조하라.

위하여 집을 세우신 여호와께서 살아 계심을 두고 맹세하노니 아도니야는 오늘 죽음을 당하리라"(왕상 2 : 22-24).

이것은 아마도 아도니야의 요청이었던 듯하며, 밧세바에 의해 하나의 구실로 삼아진 듯하다. 솔로몬은 이제 1장 52절의 두 차례의 '만약'을 위해 필요한 증거를 손에 넣었다. 곧 아도니야의 제거가 뒤따른다. "여호야다의 아들 브나야를 보내매 그가 아도니야를 쳐서 죽였더라"(왕상 2 : 25).

아도니야의 죽임에 대한 실제 보도는 짧고 생동감이 있다. 마치 정적의 목 위로 거의 칼날이 떨어지는 소리가 들려오는 것 같다. 한편, 제사장 아비아달에게 주어진 집행유예는 조건적이다(왕상 2 : 26-27).

"너는 마땅히 죽을 자이로되 네가 내 아버지 다윗 앞에서 주 여호와의 궤를 메었고 또 내 아버지가 모든 환난을 받을 때에 너도 환난을 받았은즉 내가 오늘 너를 죽이지 아니하노라"(왕상 2 : 26).

제사장에 대한 왕의 관대함은 어떤 보장도 없이, 물론 1장 52절에서 아도니야에게 주어진 동일한 '만약'에 따라 '오늘'에 한해 조건적으로 베풀어지는 것이다.

요압의 제거는 다윗의 지시에 따른 것이다(참조. 왕상 2 : 28-33 ; 2 : 5-6). 요압의 제거는 짧지만 25절의 생생한 보도를 반복하고 있다. "여호야다의 아들 브나야가 곧 올라가서 그를 쳐 죽이매 그가 광야에 있는 자기의 집에 매장되니라"(왕상 2 : 34). 35절에서 브나야는 솔로몬의 칼잡이로서 피를 두려워하지 않는 충성으로 인해 군대 내에서 승진을 하게 된다.

이 브나야가 1장 36절에서 새 왕에게 먼저 "예"라고 대답했던 사람과 동일한 인물이다.

시므이의 제거는 다시 다윗의 지시를 따른다(참조. 왕상 2 : 36-45 ; 2 : 8-9). 우리는 이제 정적 제거에 대한 보도의 운율을 알게 된다. "여호야다의 아들 브나야에게 명령하매 그가 나가서 시므이를 치니 그가 죽은지라"(왕상 2 : 46).

치밀하게 추진된 계획처럼 빠른 속도로 연달아 아도니야, 요압, 그리고 시므이가 죽임을 당한다. 아비아달은 왕의 변덕에 따라 집행유예를 받는다. 내러티브는 간결한 방식으로 솔로몬의 교활함과 무자비함의 결합을 확인해 줄 충분한 이유가 있다. "이에 나라가 솔로몬의 손에 견고하여지니라"(왕상 2 : 46).

왕국의 안정은 권력의 쌍둥이 마차인 '기만'과 '폭력'에 의해 성취된다. 하지만 권좌는 단지 기만과 폭력만으로 결코 유지될 수 없다. 권좌는 결국 그 이상의 정통성을 요구한다. 그 정통성은 필수적인 왕의 예전 집행을 통해 수행된다. 이는 기브온(왕상 3 : 3-4)의 제사에 잘 나타나 있다. 제사는 책임 있고 순종적인 통치자가 되기를 꿈꾸었던 왕의 잘 알려진 꿈에 의해 보충된다. 왕의 꿈 보도는 간구된 것이기도 하고 주어진 것이기도 하다. 왕은 온전한 겸손으로 간구한다. "누가 주의 이 많은 백성을 재판할 수 있사오리이까 듣는 마음을 종에게 주사 주의 백성을 재판하여 선악을 분별하게 하옵소서"(왕상 3 : 9).

하지만 하나님께서 그의 겸손에 감동하셨기 때문에 솔로몬은 간구한 것 그 이상을 받았다.

"네가 이것을 구하도다 자기를 위하여 장수하기를 구하지 아니하며 부도 구하지 아니하며 자기 원수의 생명을 멸하기도 구하지 아니하고 오직 송사를 듣고 분별하는 지혜를 구하였으니 내가 네 말대로 네게 지혜롭고 총명한 마음을 주노니 네 앞에도 너와 같은 자가 없었거니와 네 뒤에도 너와 같은 자가 일어남이 없으리라 내가 또 네게 구하지 아니한 부귀와 영광도 네게 주노니 네 평생에 왕들 중에 너와 같은 자가 없을 것이라"(왕상 3:11-13).

대중들이 좋아하는 해석에서는 물론, 우리는 이 '정통성'의 행위에 초점을 두기에, 내러티브의 극적인 '기만'과 뻔뻔한 '폭력'을 규칙적으로 무시하곤 한다. 하지만 내러티브에서 강조되는 이 세 가지 양상은 솔로몬의 등극의 이야기로서 결합된다. 솔로몬이 볼 때 단순히 우리가 좋아하는 것만을 선택할 수 없다. 세 가지 강조된 양상들을 차례로 고찰해 보면 우리가 관습적인 왕가의 정치를 당연시 하고 있다고 말할 수 있다. 그러나 성경의 보도에서 놀라운 것은 내러티브가 이 세 가지의 양상들 가운데 그 어느 하나에 대해 설명을 하거나, 그것들에 대해 판단을 내리지 않는다는 점이다. 오히려 내러티브는 마치 그 자체가 권력을 성가시게 하는 진리의 전달인 것처럼 할 말을 다하게끔 허용한다. 우리가 본문을 바람직하게 대하는 능력은 '얼마나' 왕이 '고귀한' 존재인지를 상상하는 데에 달려 있다. 그 다음 단계는 우리가 독자로서 '얼마나 의심할 수 있는지'에 있다. 진리의 맥락에서 권력을 고찰하기 때문에, 우리는 본문에서 진리의 방식에 대해 물어야 한다. 그리고 알게 된 진리 중에는 있는 그대로의 진상에 대한 '기만'을 인식하고, 아울러 '폭력'이 실제로 무자비하게 폭력적임을 알게 될 것이다. '기만과 폭력'을 인식하게 되면, 우리는 '정통성'의 두 양상, 즉 '제사'와 '꿈'에 대해 의심을 가질 개연성이 매우 크다. 확실히 공적인 제사와 공중되지 않은 꿈에 대한 보도는 기만과 폭력의 내러티브적인 구체성을 극복하지 못하기 때문이다. 이것은 우리가 처음부터 경계심을 늦추지 않고 읽을 때 어떤 사건의 당위성을 알 수 있는 권력의 향연에 불과하다. 우리는 본문에 나타난 표면상의 의미 제시와 그 본문에 대한 오늘날의 대중적인 이해에 대해 충분히 의심할 수 있다는 사실을 인식하게 된다. 여기서 권력은 보기에 좋지 않은 것으로 표현된다. 라인홀드 니버(Reinhold Niebuhr)가 가르쳐 주듯이, 우리는 그러한 권력에 대해 숙고하지 않고 그저 순진하게 받아들여서는 안 된다.[10]

솔로몬의 제왕적 권력

솔로몬의 권력의 보유와 행사는 위대한 성공으로 제시되어 있다. 그의 통치는 평화와 번영, 보다 구체적으로는 왕의 권력을 강화하는 방향으로 계획되었다. "왕들 중에 너와 같은 자가 없을 것이라"(왕상 3 : 13). 고대 세계에서 기억되고 상상된 이스라엘에서, 그리고 그에 대한 오늘날의 대중적인 칭송에서 솔로몬을 압도적으로 비할 바 없는 왕으로 만들기 위해 왕정체계의 모든 부분들이 효과적으로 기능했다.

---

10) Reinhold Niebuhr, *The Irony of American History*(New York : Charles Scribner's, 1952).

그러나 처음부터 솔로몬 정권은 모호한 성격을 드러냈으며, 이를 열왕기상 3장 3절에서 확인할 수 있다. 즉, "솔로몬이 여호와를 사랑하고"라는 표현은 그가 여호와 하나님과의 토라 언약에 헌신했다는 사실을 확인해 주는 것이다. 하지만 바로 위 1절에 "솔로몬이 바로의 공주와 혼인했다."는 보도가 나온다(참조. 왕상 7:8; 9:16, 24). 후자의 보도는 솔로몬이 착취적인 통치 및 폭압적인 경제 형태와 결탁하고 주력했다는 것을 의미한다. 그러한 통치와 경제는 이스라엘이 오래전에 바로를 통해 이미 체험했던 것이다. 내러티브는 설명 없이 계속되지만, 의심할 여지없이 솔로몬의 이중적인 헌신 — '여호와 하나님과 바로의 통치에 대한' 동시적인 헌신 — 은 서로 모순적이고 양립할 수 없다는 사실을 온전히 드러낸다. 우리는 솔로몬의 통치에 대한 보도가 그의 서로 모순적이고 양립할 수 없는 두 헌신을 비판적으로 가려낸다고 생각할 수 있다. 혹은 '권력과 진리'라는 주제를 고려해 볼 때, 그에 관한 내러티브에서 바로의 가문과 혼인한 것은 권력의 요약이고, 여호와 하나님에 대한 사랑은 진리의 차원이라고 말할 수도 있을 것이다.

시간이 지남에 따라 솔로몬은 점점 더 제왕적 권력을 행사한다. 이는 출애굽기 5장에 이미 나온 대로 바로의 체제에서 이스라엘 백성의 울부짖음은 '보다 더 많은(more)', 즉 보다 더 많은 벽돌, 보다 더 많은 노동, 보다 더 많은 노동력 착취 때문이다. 이 모든 착취가 바로가 꾸었던 흉년의 희소한 자원의 악몽에 대한 반응으로 자행되고 있다.[11] 이제 솔로몬은 자신의 장인 바로, 그리고 아내와 함께 보다 더 많은 착취를 행하는 것으로 보

---

11) 바로의 '흉년에 대한 악몽'에 관해서는 창세기 41장 1~7절, 17~32절을 참조하라.

인다. 이렇게 해서 솔로몬의 통치 이야기는 축적의 이야기가 된다. 고삐 풀린 무자비한 권력은 번창을 약속하는 정치·경제 체제에도 불구하고 언제나 보다 더 많은 착취를 위해 봉사한다. 보다 더 많은 착취를 향한 추진은 '불안'(anxiety)에 뿌리를 두고 있으며, 그 목적은 '독점'이다. 보다 더 많은 착취의 수단은 쉽사리 '폭력'으로 변하는 착취적인 생산이다. 따라서 불안, 희소한 자원, 부의 축적, 독점, 그리고 폭력의 연쇄 사슬이 출애굽기에서 바로의 이야기를 구성하는 주제가 된다. 동일한 연쇄 사슬이 솔로몬의 통치에서도 전면에 등장한다. 너무 부당하게 추론하지 않고도 동일한 연쇄 사슬을 우리 사회의 탐욕스러운 자본주의 소비 경제에서도 관찰할 수 있다. 특별히 내러티브가 커다란 업적을 내었던 우리 자신들 가운데 한 인물을 칭송하기 원하는 그 옛날 농업 문화의 분위기를 반영한다면, 솔로몬의 부의 축적에 대한 보도는 칭송으로 읽혀질 수도 있다. 따라서 솔로몬의 부친 다윗은 사실상 영세농 문화에 뿌리를 둔 필사적인 산적의 무리를 이끌었다. 다윗은 그의 시대의 경제 체제에서 산적의 무리를 이끌고 약탈을 일삼았던 인물이다.[12]

"환난 당한 모든 자와 빚진 모든 자와 마음이 원통한 자가 다 그에게로 모였고 그는 그들의 우두머리가 되었는데"(삼상 22 : 2).

하지만 다윗에 대한 그러한 기억은 아버지의 그런 모습이 더 이상 회자

---

[12] 이 점과 관련해서 다윗에 대한 보다 나은 주석들 가운데 Baruch Halpern, *David's Secret Demons : Messiah, Murderer, Traitor, King*(Grand Rapids : Eerdmans, 2001)을 참조하라.

되기를 원하지 않는 아들의 성공에 의해 재빠르게 잊혀져 간다.

이렇게 해서 성경이 보도하는 솔로몬의 부의 축적은 영세농의 욕구일 수 있다. 그렇지 않다면 영세농들이 군주의 축적된 재산을 그렇게 만족스럽게 쳐다볼 수 없다. 왜냐하면 그들은 그러한 잉여의 부가 자신들의 노동을 착취한 것으로부터 온 것임을 알고 있기 때문이다. 따라서 표면적으로 솔로몬의 성공을 만족스럽게 여기는 것은 아이러니하게 받아들여져야 한다. 그러한 아이러니는 영세농들의 현실에서는 전혀 적합하지 않은 왕가와 그 측근들의 사치스러운 자기 방종을 계획적으로 폭로하기 위한 것이다. 따라서 독자들은 부의 축적의 내러티브가 칭송할 일로 읽혀져야 하는지, 아니면 아이러니한 폭로로 읽혀져야 할지 결정해야 한다. 내러티브가 단지 권력만을 말한다면, 제한을 받는 권력이 칭송되어야 한다. 하지만 내러티브가 솔로몬이 사랑한다고 고백하고 충성을 맹세했던 토라의 하나님의 진리라는 관점에서 권력에 대해 말한다면, 그러한 욕구는 세찬 비판적 관점에 의해 대체될 수 있다.

필자는 여기서 독점을 만들어 내는 부의 축적을 이끈 솔로몬의 권력을 토라의 비판적인 진리의 맥락에서 읽을 것을 제안한다. 그러한 맥락에서 부의 축적에 관한 보도는 칭송이 아니라 폭로임이 명백하다.

양식

솔로몬은 그의 통치로 '행복해하는' 측근들(신부?)을 배불리기 위해 엄청난 양의 '식량'을 축적했다(왕상 4 : 20).

"솔로몬의 하루의 음식물은 가는 밀가루가 삼십 고르요 굵은 밀가루가 육십 고르요 살진 소가 열 마리요 초장의 소가 스무 마리요 양이 백 마리이며 그 외에 수사슴과 노루와 암사슴과 살진 새들이었더라"(왕상 4 : 22 – 23).

이러한 사치스러운 하루의 식단은 예루살렘에서 그의 권력을 공고히 유지하는 데 기여한 엄청난 수의 조신들과 아첨배들을 위해 충분했다. 식단의 목록에서 강조되는 것은 엄청난 방종의 표지인 육식이다. 이와는 대조적으로 영세농들은 아주 어쩌다 고기를 먹었고, 날마다 먹지는 못했다는 것은 너무나 확실하다(참조. 암 6 : 4). 식단이 보여 주는 것은 예루살렘의 권력 엘리트들을 위한 '이동 연회'(이동보다는 연회를 강조해야 한다)이다. 이 연회는 필시 영세농들의 분노와 저항을 야기할 정도로 광범위하게 베풀어졌음에 틀림없다.

징세

그러한 사치스러운 방종에 사용된 비용은 엄청났다. 방종을 위한 '재정'을 감당하기 위해 솔로몬은 아주 계획적으로 시달된 징세 체제를 고안했는데, 그것이 열왕기상 4장 7~19절에 상세하게 기록되어 있다. 온 이스라엘에 열두 지방 관장이 필요했다. 이 열두 관장이 왕과 왕실을 위하여 각기 일 년에 한 달씩 양식을 공급했다. 주목해야 할 점은 지방 관장들 가운데에는 솔로몬의 부마인 벤아비나답(왕상 4 : 11)과 또 다른 부마인 아히마아스(왕상 4 : 15)가 포함되어 있는데, 이들 왕가 친척들에게 모두가 탐내는 지위들이 주어졌다. 따라서 이러한 징세 체제는 예루살렘의 권력 엘리트들의 이익을 위해 기능했다고 볼 수 있다. 이러한 징세 장치가 모든 착취적인 징수 체제와 같이 영세농들의 분노를 야기했을 것으로 예상할 수 있다.

사치품들

솔로몬의 양식과 부의 축적은 그의 또 다른 '문예품'의 축적과 쌍을 이루고 있다.

"그가 잠언 삼천 가지를 말하였고 그의 노래는 천 다섯 편이며"(왕상 4 : 32).

아마 솔로몬이 문학과 예술 작품의 수집자요 창작자였을 개연성이 크다. 노동하지 않고 부를 누리는 많은 부자들과 같이, 솔로몬도 부분적으로는 투자로, 부분적으로는 문화생활의 촉진으로, 또 부분적으로는 자신이 다스리는 신민의 참여를 과시하기 위해 문예품을 수집했을 가능성이 가장 크다. 따라서 그것이 무엇이었든지 그의 예술적 취향조차 계량화되어 또 다른 상품 거래로 전환되었던 것이다.

값싼 노동력

솔로몬은 '값싼' 노동력을 축적했다. 그것이 사무엘상 8장 11~13절에 예기되어 나타나는데, 거기서 왕은 왕권에 힘을 더하기 위해 징병제도를 만들려고 한다. 이제 솔로몬은 확실히 그의 장인인 바로의 노동력과 매우 흡사한 방법으로 큰 이익을 누린다. 이 문제에 대한 이스라엘의 기억은 혼란스럽다. 아마 그 이유는 과거에 대한 회상 속에서 강제노역에 대한 아픔과 낭패가 예민하게 느껴지기 때문일 것이다. 한편 솔로몬의 값싼 노동력에는 이스라엘의 백성들도 포함되었다.

> "이에 솔로몬 왕이 온 이스라엘 가운데서 역군을 불러일으키니 그 역군의 수가 삼만 명이라 솔로몬이 그들을 한 달에 만 명씩 번갈아 레바논으로 보내매 그들이 한 달은 레바논에 있고 두 달은 집에 있으며 아도니람은 감독이 되었고 솔로몬에게 또 짐꾼이 칠만 명이요 산에서 돌을 뜨는 자가 팔만 명이며 이외에 그 사역을 감독하는 관리가 삼천삼백 명이라 그들이 일하는 백성을 거느렸더라"(왕상 5 : 13-16).

징집된 엄청난 수의 노동력은 아도니람의 감독을 받았다(왕상 5 : 14). 4장 1~6절에 나오는 관료 명단에서 아도니람은 실제로 역군들의 감독관으로 임명되었다. 노동력 조사는 솔로몬이 노동력을 감독하기 위해 궁정 감독관을 지명했다는 사실을 보여 준다. 아도니람 수하에 엄청난 수의 감독관들이 있었다. 이는 솔로몬 정권이 목적 지향적으로 질서 정연한 국책 사업들을 수행했음을 보여 준다(왕상 5 : 16).[13]

---

13) 비록 사용된 용어들이 같지는 않지만 감독관들의 목록을 만든 것은 출애굽기 5장 14절에 나오는 바로의 역사를 추진한 감독들과 많이 다르지 않다.

하지만 그 일에 대한 이스라엘의 기억은 아마도 예민했을 것이다. 열왕기상 9장 15절과 22절에서 전승은 5장 13~16절의 보도를 아주 애써서 수정하고 있다. "다만 이스라엘 자손은 솔로몬이 노예를 삼지 아니하였으니"(왕상 9 : 22a).

그러한 수정이 이루어졌지만, 여전히 전승은 기꺼이 수정 이전의 사실을 전해 준다.

"그들은 군사와 그 신하와 고관과 대장이며 병거와 마병의 지휘관이 됨이었더라 솔로몬에게 일을 감독하는 우두머리 오백오십 명이 있어 일하는 백성을 다스렸더라"(왕상 9 : 22b-23).

나중 보도는 왕가의 측근들이 아도니람과 함께 값싼 노동력을 관리했음을 지시하는데, 이는 출애굽기 5장에 나오는 바로의 감독들이나 기록원들과 다르지 않다. 전체 계획이 솔로몬의 야심적인 정책과 사업들의 부, 효율성, 특권, 그리고 통제에 기여했다.

병기 거래

솔로몬은 또한 안정적인 왕정국가로서의 자격을 갖추기 위해 충분한 '군비'를 축적했다. 그가 병기 거래를 통해 자신의 친위대를 극대화했다는 것에는 의심의 여지가 없다(열왕기상 9장 15절에 나오는 요새들을 참조하라). 그뿐만 아니라 그의 병기 거래는 엄청난 부를 가져다 준 사업이었다.

"솔로몬의 말들은 애굽에서 들여왔으니 왕의 상인들이 값주고 산 것이며 애굽에서 들여온 병거는 한 대에 은 육백 세겔이요 말은 한 필에 백오십 세겔이라 이와 같이 헷사람의 모든 왕과 아람 왕들에게 그것들을 되팔기도 하였더라"(왕상 10 : 28 – 29 ; 9 : 21 – 28도 참조하라).

국제 교역의 정상

솔로몬은 값싼 노동력, 상업, 그리고 병기 거래를 통해 '국제 교역의 중심과 정상'을 차지하게 되었다. 그의 축적에는 그 어떤 한계도 없었다.

"솔로몬의 세입금의 무게가 금 육백육십육 달란트요 그 외에 또 상인들과 무역하는 객상과 아라비아의 모든 왕들과 나라의 고관들에게서도 가져온지라 솔로몬 왕이 쳐서 늘인 금으로 큰 방패 이백 개를 만들었으니 매 방패에 든 금이 육백 세겔이며 또 쳐서 늘인 금으로 작은 방패 삼백 개를 만들었으니 매 방패에 든 금이 삼 마네라 왕이 이것들을 레바논 나무 궁에 두었더라 왕이 또 상아로 큰 보좌를 만들고 정금으로 입혔으니 그 보좌에는 여섯 층계가 있고 보좌 뒤에 둥근 머리가 있고 앉은 자리 양쪽에는 팔걸이가 있고 팔걸이 곁에는 사자가 하나씩 서 있으며 또 열두 사자가 있어 그 여섯 층계 좌우편에 서 있으니 어느 나라에도 이같이 만든 것이 없었더라 솔로몬 왕이 마시는 그릇은 다 금이요 레바논 나무 궁의 그릇들도 다 정금이라 은 기물이 없으니 솔로몬의 시대에 은을 귀히 여기지 아니함은 왕이 바다에 다시스 배들을 두어 히람의 배와 함께 있게 하고 그 다시스 배로 삼 년에 한 번씩 금과 은과 상아와 원숭이와 공작을 실어 왔음이더라"(왕상 10 : 14 – 22).

솔로몬의 행적에 대한 이러한 사치스러운 수사(修辭)는 솔로몬이 그가 살았던 삶 이상으로 과장되게 기억되는 방식을 보여 준다. 성서의 내러티브는 그가 끝없는 재화의 축적을 위해 필요한 시야와 강력한 근력을 지닌 조직적인 인물임을 분명히 보여 준다.

여성들

마지막으로 축첩도 그의 재화 축적에 속했다.

"왕은 후궁이 칠백 명이요 첩이 삼백 명이라"(왕상 11 : 3).

웬델 베리(Wendell Berry)는 대개 사회적 관행에서 여성들에 대한 취급과 땅의 관리가 동일해서, 어느 하나가 학대를 받으면 다른 것도 학대를 받는다는 사실을 날카롭게 지적하였다. 솔로몬의 축적을 향한 충동 속에서 다른 모든 것들과 마찬가지로 여성들을 가치 있는 상품으로 취급했다는 점은 분명하다. 솔로몬이 거느린 호사스럽게 많은 수의 여성들은 성을 표상하는 것은 아닌 듯하다. 그것은 오히려 여성들의 교환에 봉인된 정치 조약들과 군사 동맹들의 네트워크를 체현하고 있는 것으로 보아야 할 것이다. 여기서 여성들이 왕비들이었다는 사실이 중요하다. 그리고 이는 왕비들이 솔로몬의 국제적인 안전망을 증진하기 위해 행해진 중요한 정치적인 협약들의 결과임을 보여 준다.

솔로몬 성전

솔로몬의 축적의 정점은 예루살렘 '성전'의 건축이다. 고대 세계의 여느 왕들처럼 성전 건축은 경건의 과시이다. 하지만 물론 성전 건축은 또한 권력과 부의 과시인 동시에 왕정의 하나님을 극대화하고 왕정 자체를 높이기 위한 계획의 일환이다. 따라서 성전은 현기증 나게 하는 부의 과시로 기억되기에 솔로몬의 축적을 향한 욕구의 궁극적인 표현이 된다.

> "그 내소의 안은 길이가 이십 규빗이요 너비가 이십 규빗이요 높이가 이십 규빗이라 '정금'으로 입혔고 백향목 재단에도 입혔더라 솔로몬이 '정금'으로 외소 안에 입히고 내소 앞에 '금사슬'로 건너지르고 내소를 '금'으로 입히고 온 성전을 '금'으로 입히기를 마치고 내소에 속한 제단의 전부를 '금'으로 입혔더라"(왕상 6:20-22).

> "솔로몬이 또 여호와의 성전의 모든 기구를 만들었으니 곧 '금' 단과 진설병의 '금' 상과 내소 앞에 좌우로 다섯씩 둘 '정금' 등잔대며 또 '금' 꽃과 등잔과 불집게며 또 '정금' 대접과 불집게와 주발과 숟가락과 불을 옮기는 그릇이며 또 내소 곧 지성소 문의 '금' 돌쩌귀와 성전 곧 외소 문의 '금' 돌쩌귀더라"(왕상 7:48-50).

자주 반복되어 나오는 '금'이라는 용어는 우연하거나 지엽적인 것이 아니다. 성전은 불안에 기초하고, 독점을 목표로 하며, 착취에 의해 성취되는 전체 축적 체계의 요체이다.

성전의 정치적인 목적과 물리적인 모습이 성전에서 상정되고 실행되어 신학으로 작용하고 있다는 점은 의심할 여지가 없다. 성전의 신학적 목적은 왕정이 하나님의 거처를 마련하고 품어서, 하나님을 왕정의 후견자와 보증자로서 거주하게 하려는 것이었다. 성전봉헌 송가는 "여호와를 영구히 성전에 좌정하게 한다."라는 내용을 담고 있다.

> "여호와께서 캄캄한 데 계시겠다 말씀하셨사오나 내가 참으로 주를 위하여 계실 성전을 건축하였사오니 주께서 영원히 계실 처소로소이다"(왕상 8 : 12 – 13).

성전에서 불린 시온의 찬양들은 여호와 하나님을 거룩한 도성 예루살렘의 후견자요 보증자로 주장한다.

> "하나님은 우리의 피난처시요 힘이시니 환난 중에 만날 큰 도움이시라"(시 46 : 1).

> "주의 심판으로 말미암아 시온 산은 기뻐하고 유다의 딸들은 즐거워할지어다 너희는 시온을 돌면서 그곳을 둘러보고 그 망대들을 세어 보라 그의 성벽을 자세히 보고 그의 궁전을 살펴서 후대에 전하라 이 하나님은 영원히 우리 하나님이시니 그가 우리를 죽을 때까지 인도하시리로다"(시

48 : 11 – 14).

"하나님은 유다에 알려지셨으며 그의 이름이 이스라엘에 알려지셨도다 그의 장막은 살렘에 있음이여 그의 처소는 시온에 있도다 거기에서 그가 화살과 방패와 칼과 전쟁을 없이하셨도다"(시 76 : 1 – 3).

하나님을 길들이기 위해 제의가 이용되고 있다. 우리가 충분히 의심을 가지고 읽는다면 하나님이 길들여지고 있음을, 즉 살아 계신 하나님이 안전하고 예측 가능한 우상으로 환원되는 것을 볼 수 있다. 고삐 풀린 권력을 행사하는 여느 왕정처럼 솔로몬의 왕정도 쉴 새 없이 활동하는 주체일 수 없는 오직 경배만을 받는 대상(우상 : 역주)으로서의 하나의 하나님을 요구한다. 결국 솔로몬은 그 외의 모든 것에 스스로 할 수 있던 것을 여호와 하나님에게도 제의적으로 또 신학적으로 할 수 있는 것, 즉 하나님을 '상품'으로 환원하는 것으로 보인다. 솔로몬에 의해 행해진 '온전한 평화'(shalom)의 비전은 현기증이 날 정도의 부와 통제로 나타난 "권력에 대한 비전"이다. 성경 본문의 표면에서 솔로몬의 기도를 문제 삼을 수 있는 진실한 목소리는 나타나지 않는다.

진리가 솔로몬을 대면하다

하지만 모든 절대주의 왕정처럼 솔로몬 왕권도 영원히 유지될 수 없다. 솔로몬은 경건으로 정당화하며, '기만'과 '폭력'에 의해 권력을 쟁취하고,

또 성전 제의를 통한 '정당화'와 함께 공격적인 부의 '축적'에 의해 권력을 유지했다. 그리고 우리는 이스라엘의 기억 속에서 토라의 진리에 영향을 받지 않은 권력이 어떻게 그렇게 오랫동안 호사스럽게 지속될 수 있었는지를 생각해 볼 수 있다. 하지만 그 권력은 결국 지속될 수 없었다. 왜냐하면 그러한 권력이 마지막 단어, 즉 궁극적 실재가 아니기 때문이다. 솔로몬 왕국의 몰락은 그 등장만큼 극적이다. 로마의 총독이 예수 앞에 섰을 때 배웠듯이 진리에 대한 물음은 결국 위험한 권력과 권위를 수면 위로 떠오르게 한다.

진리는 솔로몬의 내러티브에서 아주 억제되어 있다. 왕의 통치는 너무나도 강력하고, 성공적이며, 전체주의적(totalizing)이다. 실제 솔로몬의 내러티브 안에서 진리를 요청하는 분명한 소리는 들리지 않는다. 하지만 솔로몬의 전체주의적인 지배에서조차도 진리는 은밀하면서도 확실하게 커다란 위기 속에서 외양의 흔적을 보여 줄 것이다. 솔로몬 왕이 권력의 전복을 참으려 하지 않았기에 실제 그의 통치 시대에 커다란 위기가 있었을 것이다. 하지만 후대의 전승화 과정에서 그러한 진리를 말하는 것은 이스라엘의 최고의 성공의 사례를 부정과 실패로 폭로할 환영받지 못하는 위험에 놓이는 일이었다.

그럼에도 불구하고 토라의 진리를 선포하는 사람들(신명기 사가들)은 왕의 권력을 무너뜨린 의식적인 비판과 경고의 흔적을 성경의 본문에 남기려고 했다. 하나님이 솔로몬에게 견줄 바 없는 엄청난 부귀를 약속한 후에(왕상 3:13), 열왕기상 3장 14절에서 중요한 진리의 선포가 뒤따르고 있다. "네가 '만일' 네 아버지 다윗이 행함같이 내 길로 행하며 내 법도와 명령을 지키'면' 내가 또 네 날을 길게 하리라"

토라의 준수가 평안한 삶의 조건이고, 이것이 진리임을 신명기 사가들은 주장한다. 그들이 주장하는 조건의 '만일'은 출애굽기 19장 5절에 나오는 모세의 구체적인 조건적 '만일'의 메아리이다. "너희가 ('만일') 내 말을 잘 듣고 내 언약을 지키면 너희는 모든 민족 중에서 내 소유가 되겠고"

우리는 열왕기상 6장 12절에서 성전을 건축하는 와중에 다시 율법의 계명을 지시하면서 제시되는 조건적인 '만일'을 듣고 놀라게 된다.

> "네가 지금 이 성전을 건축하니 네가 '만일' 내 법도를 따르며 내 율례를 행하며 내 모든 계명을 지켜 그대로 행하'면' 내가 네 아버지 다윗에게 한 말을 네게 확실히 이룰 것이요"(왕상 6:12).

아울러 아마도 내러티브에서 주의 깊게 고안된 문학적 삽입일 것으로 추정되는 솔로몬의 두 번째 꿈에서 권력의 조건성이 삼단논법으로 명시되고 있다. 열왕기상 9장 4~7절에서 긍정적이거나 부정적이며 이중적인 '만일'이라는 표현이 제시되고 나서, 긍정적이거나 부정적이며 이중적인 결과를 나타내는 '그러면'(then)이라는 표현이 뒤따르고 있다.

> **긍정적인 조건** : "네가 '만일' 네 아버지 다윗이 행함같이 마음을 온전히 하고 바르게 하여 내 앞에서 행하며 내가 네게 명령한 대로 온갖 일에 순종하여 내 법도와 율례를 지키면"(왕상 9:4).

> **긍정적인 결과** : "('그러면') 내가 네 아버지 다윗에게 말하기를 이스라엘의 왕위에 오를 사람이 네게서 끊어지지 아니하리라 한 대로 네 이스라엘

의 왕위를 영원히 견고하게 하려니와"(왕상 9 : 5).

부정적인 조건 : "'만일' 너희나 너희의 자손이 아주 돌아서서 나를 따르지 아니하며 내가 너희 앞에 둔 나의 계명과 법도를 지키지 아니하고 가서 다른 신을 섬겨 그것을 경배하면"(왕상 9 : 6).

부정적인 결과 : "('그러면') 내가 이스라엘을 내가 그들에게 준 땅에서 끊어 버릴 것이요 내 이름을 위하여 내가 거룩하게 구별한 이 성전이라도 내 앞에서 던져버리리니"(왕상 9 : 7).

마지막 부분에 해당하는 부정적인 결과는 확대되고 열려진 채로 끝난다. 토라의 선포자들은 그들이 거부하는 왕정 이데올로기를 향해 아주 열정을 다해 진리를 선포한다. 이러한 엄격하고 대칭적인 진술은 신명기 전통에서 엄격한(rigorous) 계약적 축복과 저주의 논리를 반영하고 있다.

솔로몬 왕의 내러티브를 통해서 이러한 조건적인 진술들을 간간히 분산시키는 전승의 능력은 꽤 현저하게 나타나는데, 독자들은 그 진술들을 갑작스럽게 중단시키는 경고의 힘에 주목하지 않을 수 없다. 하지만 독자들이 뒤늦게 주목할 때조차도 이 경고들이 드라마의 등장인물들에 의해 진지하게 다루어져야만 한다는 그 어떤 암시도 본문 자체에서는 나타나지 않는다. 그 사실은 의심할 여지없이 바로 복잡한 전승화 과정을 반영하고 있는데, 그 과정에서 조건적인 '만일'의 중요성은 나중에 덧붙여졌을 가능성이 크다. 하지만 그러한 삽입의 편집 과정이 어떠했든지 간에, 그 주장의 계약적·신학적 본질 내용이 고대 이스라엘에서 중요했다는 점만은 의심할 여지가 없다. 왜냐하면 이스라엘의 기억의 뿌리는 사회적·경제적·신학적 절대주의로부터의 해방과 관련이 있기 때문이다. 이러한 절대권력의 왕정은 여느 왕정과 같이 그러한 주장에 영향을 받지 않는다. 당연히 그렇다. 그것은 언제나 그렇다. 절대주의의 실행자들은 언제나 늦게, 너무나 늦게 배운다. 이렇게 해서 절대주의의 해체에 대한 증언들이 성경 본문들에 나타나지만, 주의와 주목을 받지 못하는 것이다.

솔로몬에게 심판이 내려지다

솔로몬의 내러티브에서 반복해서 등장하는 '만일'이라는 조건절 접속사는 열왕기상 11장 1~13절에서 강력한 결론에 도달한다. 이러한 진리 선포의 지평을 통해 솔로몬이 오랜 부의 축적 활동 속에서 토라에 순종하지 않았다는 사실이 드러난다. 또한 토라의 '만일'에 주의를 기울이지 않을 때 심판의 '그러면'이 어김없이 실행된다. 11장 1~13절은 (토라의 위반에 대한) '고발'과 법적인 '구형'(하나님으로부터의 재가)으로 이루어진 전통적인 예언자들의 '심판의 말씀' 형태로 기록되어 있다.

1~8절은 솔로몬에 대해 '고발'하는 내용을 담고 있다. 이 내러티브는 솔로몬이 정략적인 많은 결혼을 통해서 이스라엘의 정체성과 토라의 계명들에 대한 순종을 온전히 실천하지 못하고 타협했다는 심판을 내린다. 구체적으로 솔로몬은 다른 신들을 섬겼고, 그로 인해 전심으로 온전히 하나님만을 섬기라는 시내산 계명을 어겼다. 이는 9~10절의 보다 은밀한 선고에 의해 재강화되고 있다.

"솔로몬이 마음을 돌려 이스라엘의 하나님 여호와를 떠나므로 여호와께서 그에게 진노하시니라 여호와께서 일찍이 두 번이나 그에게 나타나시고 이 일에 대하여 명령하사 다른 신을 따르지 말라 하셨으나 그가 여호와의 명령을 지키지 않았으므로"(왕상 11 : 9 – 10).

이 내러티브와 직접적인 선고가 일치한다. 첫 계명은 왕에 의해 위반되었다. 하지만 우리는 솔로몬이 계명을 위반한 것에 대해 마치 종교적인 위반인 양 순진하게 해석해서는 안 된다. 솔로몬의 위반은 사회·경제적이고 정치적인 성격을 지니고 있다. 말하자면 그의 위반은 모든 것을 상품으로 환원하면서 이웃을 희생으로 삼아 물질의 재화들을 축적한 것과 관련되는 것이다. 뒤따르는 문장은 능동태의 동사들인 '찢다'(tear)[14]가 두 번 사용되고, '주다'를 한 번 사용함과 함께 '그러므로'라는 도입 접속사로 시작된다. "내가 반드시 이 나라를 네게서 '빼앗아'(tear) 네 신하에게 '주리라'(give)…… 네 아들의 손에서 '빼앗으려니'(tear)와"(왕상 11 : 11 – 12).

솔로몬에게 내려진 고발이 단순히 종교적인 것이 아니듯이, 위협도 초자연적인 개입으로 해석될 필요가 없다. 우리가 뒤에서 보게 되겠지만, 열왕기상의 저자들은 여호와 하나님의 '찢는 행동'이 역사적인 정치·경제의 과정에서 일어난 것을 매우 잘 알고 있다. 따라서 고발과 위협은 실제 역사적인 시간을 고려하고 있으며, 반 이웃적인 권력의 사용은 파괴적인 결

---

14) 역주 : 한글 개역개정판에는 '빼앗다'라고 번역되어 있지만, 브루그만은 미국 개역개정판(NRSV)을 따르고 있다. 솔로몬 왕이 죽은 후에 왕국이 남북으로 나뉘어져서 북왕국은 여로보암의 손에 넘겨졌다는 뜻에서 열왕기상 기자는 '찢다'라는 동사를 사용했을 것이다.

과들을 야기한다. 13절의 한정적인 단어들은 이러한 예언적인 진리 선포의 특징적인 논법을 바꾸지 못한다. 여호와 하나님은 이웃을 상품으로 환원하는 행동을 그리 오래 참지 못할 것이다.

진리가 권력을 대항해서 움직인다

우리는 열왕기상 11장 14~40절에서 권력이 도사리고 있는 정치적 현실주의 위에 어둡게 드리운 토라 위반에 대한 종교적 진리를 보게 된다. 우리는 솔로몬과 같은 자기 집착적인 권력자가 종교적인 이야기에 의해 그다지 구애받지 않았으리라고 상상할 수 있다. 그러한 권력 집중에 영향을 미쳤을 개연성이 보다 큰 요인은 세속적 성격의 대항 권력일 것이다. 11장 14~22절과 23~25절에서 우리는 솔로몬에 대항해서 나타난 두 정치·군사적 위협을 확인하게 된다. 그 위협은 "여호와께서 일으키셨다"와 "하나님이 일으키셨다"라는 표현들에 의해 도입되고 있다(14, 23절을 참조하라). 두 절에서 실체적인 위협은 각각 이집트와 수리아의 무력이다.

하지만 바로 26~40절의 내러티브에서 진리는 절대권력을 대항해서 움직인다. 내러티브가 묘사하는 바에 따르면 지도적인 인물인 여로보암은 북쪽 요셉 족속 지역의 노동력을 관장하는 솔로몬의 충복이었다(28절 참조). 그는 솔로몬 왕권에 잘 결탁되어 있었고, 정권의 내부자로서 당시에 행해지던 착취 정책에 대해서 잘 알고 있었다. 그는 솔로몬 왕권의 정치적·종교적 지배를 반대하는 실로(Shiloh)의 정치·종교 계열에 속한 선지자인 아히야(Ahijah)의 말을 듣고, 솔로몬 왕권에 대항하는 행동을 취한다

(참조. 29절). 사태의 진상이 11장 9~13절의 수사(修辭)를 통해 개진되고 있다. 이 부분에서 인간 행위자는 전혀 나타나지 않고 오직 여호와만이 등장하며, 이제 26~40절에서 예언자에 비견되는 정치 지도자가 등장한다. 말하자면 진리의 선포자가 새로운 정치 행위자와 결탁하는 것이다. 아히야는 신의 결단(참조. 31 – 32절)을 선포하고 다시금 토라의 위반을 향한 권위 있고, 명령적인 신탁을 전한다.

"이는 그들이 나를 버리고 시돈 사람의 여신 아스다롯과 모압의 신 그모스와 암몬 자손의 신 밀곰을 경배하며 그의 아버지 다윗이 행함 같지 아니하여 내 길로 행하지 아니하며 나 보기에 정직한 일과 내 법도와 내 율례를 행하지 아니함이니라"(왕상 11 : 33).

여로보암이 토라를 인정하면 권력을 부여받을 것이다.

"내가 너를 취하리니 너는 네 마음에 원하는 대로 다스려 이스라엘 위에 왕이 되되 네가 만일 내가 명령한 모든 일에 순종하고 내 길로 행하며 내 눈에 합당한 일을 하며 내 종 다윗이 행함 같이 내 율례와 명령을 지키면 내가 너와 함께 있어 내가 다윗을 위하여 세운 것같이 너를 위하여 견고한 집을 세우고 이스라엘을 네게 주리라"(왕상 11 : 37 – 38).

여로보암은 자신을 위험 세력으로 간주한 솔로몬 왕을 피해 달아나야 했다(40절). 하지만 그는 다시 돌아올 것이다(왕상 12 : 2).
본문에서 예언은 뒤이어 일어날 혁명적인 정치적 행위를 위한 배경과 권위를 부여한다. 이것은 놀랍고도 혁명적인 예언이다. 이는 반-다윗적이고 호전적인 여로보암을 위해 다윗에게 주었던 하나님의 약속과 같은 수사법을 사용하기 때문이다.

열왕기상 12장 1~19절의 내러티브는 착취적인 세금을 부과할 능력을 지닌 구권력과 저항적인 북쪽의 신흥권력 사이의 냉정한 정치적 투쟁의 실상에 대해 보도한다. 성경의 내러티브는 대단히 정치적인 성격을 지니고 있다. 하지만 15절의 한정적인 코멘트는 예외이다.

"왕이 이같이 백성의 말을 듣지 아니하였으니 이 일은 여호와께로 말미암아 난 것이라 여호와께서 전에 실로 사람 아히야로 느밧의 아들 여로보암에게 하신 말씀을 이루게 하심이더라"(왕상 12 : 15).

내러티브는 솔로몬 왕권의 몰락에 작용한 여호와 하나님의 숨겨진 경륜을 분명하게 증거한다. 내러티브에 따르면 솔로몬의 아들 르호보암으로 하여금 북쪽의 장로들에게 어리석은 방식으로 저항하게 만든 주체는 바로 여호와 하나님이다! 르호보암은 위협을 받는 모든 전제군주와 같이 반란을 진압하기 위해 자신의 가장 잔인한 강제 노역자들의 감독, 곧 아도니람을 보낸다(참조. 왕상 4 : 6 ; 12 : 18). 하지만 그것은 르호보암의 전제적 통치를 위해서는 너무 늦은 조치였다. 왕이 보낸 강제 노역자들의 감독은 쳐 죽임을 당하고, 왕은 급히 수레에 올라 예루살렘의 안전한 요새로 도망친다. 진리의 예언자가 선포했듯이 르호보암은 북쪽 이스라엘을 잃었다.

이렇게 해서 11장과 12장에서 신학적인 주장에서 정치적 현실주의로 움직여 가는 내러티브의 전개를 확인할 수 있다.

- 11장 1~13절은 행위자(인간)가 전혀 등장하지 않고, 오직 여호와 하나님만이 등장하는 계약신학이다.
- 11장 26~40절은 정치적 행동 속으로 갑자기 침입해 들어오는 선지자의 모습을 보여 준다.
- 12장 1~19절은 정치적인 행동으로 가득 채워져 있고, 여호와의 개입은 단지 결정적인 흔적(trace)만을 보여 준다.

솔로몬 왕권의 실패는 신학적 뿌리를 지니고 있다. 그의 왕권은 토라의 진리와 예언의 구현 앞에서 유지될 수 없다. 그러나 이러한 진리는 종교적인 환상이 아니다. 진리는 절대권력을 거부하는 솔로몬의 신하들을 통해 공적으로 실행된다. 권력에 도전하는 진리는 여호와 하나님에 의해 선포된 진리이다. 하지만 그것은 동시에 멍에에 지친 역군들이 자신들의 목소리를 내기 시작함에 따라 터져 나오는 진리인 것이다.

"왕의 아버지가 우리의 멍에를 무겁게 하였으나 왕은 이제 왕의 아버지가 우리에게 시킨 고역과 메운 무거운 멍에를 가볍게 하소서 그리하시면 우리가 왕을 섬기겠나이다"(왕상 12 : 4).

놀랍게도 출애굽의 드라마가 이스라엘에서 재연되고 있는 것이다. 절대 왕권은 신적인 권위와 역군들의 고통에 직면하게 된다. 그리고 절대 왕권은 신적인 권위와 역군들의 고통의 결합 앞에서 유지될 수 없다.

진리를 선포하는 토라

이렇게 해서 열왕기상 3장에서 펼쳐진 고상한 드라마는 르호보암 왕의 곤경으로 막을 내리게 된다. "르호보암 왕이 급히 수레에 올라 예루살렘으로 도망하였더라 이에 이스라엘이 다윗의 집을 배반하여 오늘까지 이르렀더라"(왕상 12:18-19). 특별히 예루살렘 성전이 이룩한 놀라운 업적을 고려해 볼 때, 솔로몬 왕권에 그러한 결과가 일어날 것이라고는 아무도 상상하지 못했을 것이다. 솔로몬 왕이 이룩한 많은 업적들 가운데 가장 중요한 성과가 등장하는 8장에서 여호와 하나님은 왕권의 후견자, 보호자, 그리고 보증자로서 지성소에 거주하도록 길들여졌다. 그것으로 충분했어야 했다. 예루살렘 성전은 솔로몬의 부의 축적과 상품화의 능력을 드러내는 가시적인 종교적 표현이다.

하지만 진리는 하나님을 등에 업은 왕권에 대한 그러한 놀라운 요구들 속으로 파고들어 온다. 심지어 예루살렘 성전에 대한 내러티브에서도 불편함이 발견된다. 내러티브에서는 마치 솔로몬 왕의 측근들이 더 잘 알고 있어서 그의 절대 이데올로기에 현혹되지 않는 것처럼 그려지고 있다. 실제로 솔로몬 왕의 몇몇 측근들은 이 진리를 더 잘 알고 있었다. 그들은 솔로몬 왕의 위대한 업적이 출애굽 하나님의 자유 혹은 솔로몬 왕이 주재한 역사(役事) 정치에 의해 정치적으로 또 경제적으로 감당될 수 있었던 것과 동등하게 간주될 수 없다는 사실을 인식했다. 그러한 불편한 목소리가 심지어 성전 내러티브에도 고스란히 담겨 있다.

첫째, 열왕기상 8장 9절에 법궤를 성전으로 옮기는 위대한 축제의 과정에도 그러한 불편함이 관찰된다. "그 궤 안에는 두 돌판 외에 아무것도 없으니 이것은 이스라엘 자손이 애굽 땅에서 나온 후 여호와께서 저희와 언약을 맺으실 때에 모세가 호렙에서 그 안에 넣은 것이더라"(왕상 8 : 9).

우리는 화려하게 법궤 위에 드리우는 놀라운 하나님의 임재를 예상할 수 있다. 하지만 그 안에는 단지 십계명이 기록된 두 돌판만이 들어 있을 뿐이다. 그것이 전부다. 우리는 제의적인 실행에 의해 꾸밈없고 간결하며 화려하지 않은 진리를 만난다. 바로 이렇게 타협의 여지가 없는 십계명이 성전 제의의 중심에 놓여 있다.

둘째, 우리는 열왕기상 8장 27절에서 성전에서 행해지는 하나님의 현존에 대한 영광스러운 찬양의 와중에도 솔로몬의 실험 주위에 떠도는 하나님의 현존에 대해 제한을 가하는 진술을 발견한다.

"하나님이 참으로 땅에 거하시이까 하늘과 하늘들의 하늘이라도 주를 용납하지 못하겠거든 하물며 내가 건축한 이 성전이오리이까"(왕상 8 : 27).

왕권을 상징하는 성전도 진리의 하나님을 품을 수는 없는 것이다. 왜 그런가? 아무리 놀라운 방식으로 지명되더라도 이 진리의 하나님은 우리가 선호하는 그 어떤 권력의 질서에 구속되지 않을 초월적인 자유의 하나님이시기 때문이다.[15]

---

15) 여호와 하나님에 의한 숨겨진 역사의 경륜에 대해 설명하는 보다 이른 내러티브를 위해서는 사무엘하 17장 14절을 참조하라. 아울러 폰 라트의 *The Problem of the Hexateuch and Other Essays*(New York : McGraw-Hill, 1966), 196-204쪽의 논의를 참조하라.

셋째, 마지막으로 새롭지 않은 성찰이겠지만 포로생활에 대한 묵상이 나타난다.

> "범죄하지 아니하는 사람이 없사오니 그들이 주께 범죄함으로 주께서 그들에게 진노하사 그들을 적국에게 넘기시매 적국이 그들을 사로잡아 원근을 막론하고 적국의 땅으로 끌어간 후에 그들이 사로잡혀 간 땅에서 스스로 깨닫고 그 사로잡은 자의 땅에서 돌이켜 주께 간구하기를 우리가 범죄하여 반역을 행하며 악을 지었나이다 하며"(왕상 8 : 46-47).

이 구절이 솔로몬보다 후대에 기록되었다는 사실은 의심의 여지가 없지만, 이는 솔로몬의 경계(watch)로 인한 전승에 의해 여기에 위치하게 된 것이다. 이렇게 대단히 분별력 있는 전승은 솔로몬 이후부터 이 모든 것이 나아가는 방향이 어디인지를 알고 또 항상 알고 있기 때문에 이 자리에 들어오게 된 것이다. 이 구절들은 예측할 수 없었기 때문에 이 자리에 위치하게 된 것임을 알 수 있다. 그것들은 토라 전통의 진리의 요구 및 재가(sanctions)와 함께 그 진리를 의심하지 않았음을 보여 준다.

진리를 선포하는 토라는 계약적 현실을 부정하는 절대 왕권이 결국 무너질 것임을 알고 있다.

진리 논쟁자로서 성경 읽기

재화를 모으는 데 열중인 우리 시대의 자화상을 뒤로 하고, 심지어 솔로몬조차 그 자신의 탐욕적인 불안을 넘어 그 어떤 보증도 발견할 수 없었다는 성경의 내러티브의 주장을 숙고해 보자. 표면적으로 성경의 본문은 솔로몬에 대한 칭송과 함께 아이러니한 전복을 감추고 있는데, 이러한 중층적인 의미는 솔로몬이 진리의 주장들을 압도하는 것처럼 보이게 한다. 하지만 그러한 왕권의 압도는 결국 유지될 수 없다.

솔로몬이 야기한 예루살렘의 파멸을 예레미야가 선포하기 오래 전부터, 예레미야는 권력과 진리의 미적분을 두 세트의 삼중적인 요소로 이루어진 간결한 공식으로 환원했다.

> "지혜로운 자는 그의 지혜를 자랑하지 말라 용사는 그의 용맹을 자랑하지 말라 부자는 그의 부함을 자랑하지 말라 자랑하는 자는 이것으로 자랑할지니 곧 명철하여 나를 아는 것과 나 여호와는 사랑과 정의와 공의를 땅에 행하는 자인 줄 깨닫는 것이라 나는 이 일을 기뻐하노라 여호와의 말씀이니라"(렘 9 : 23 – 24).[16]

이 예언의 선포에서 첫 삼중적인 요소는 '지혜', '용맹', 그리고 '부'(wealth)이다. 이 세 가지 요소는 고대 이스라엘, 특별히 뽐낼 것이 너무나 많았던 솔로몬에게서 가장 온전히 구현되었다. 하지만 솔로몬의 세 가지 축복은 예레미야에 의해 언약의 세 가지 축복의 요소, 즉 '긍휼'(steadfast love), '정의'(justice), 그리고 '공의'(righteousness)에 의해 반박되고 있다. 예레미야

---

16) 이 구절들에 대한 해석을 위해서는 Walter Brueggemann, *Journey to the Common Good*(Louisville, KY : Westminster John Knox Press, 2010), 56 – 72쪽을 참조하라.

의 시적인 표현은 인간의 기획의 심층에 자리 잡고 있는 반항이 이 세 가지의 기본적인 요소들에 요약되어 있음을 본다. 솔로몬의 놀라운 업적은 칭송을 받지만 결국은 무너져 내리고 만다.

구약의 예레미야의 길과 서로 갈등하는 삼중의 요소를 따라 예수님은 갑작스럽게 죽음을 맞이하는 사실을 모르고 자신의 재물을 쌓는 데 몰두하는 어리석은 사람에 대한 비유의 이야기를 들려주신다(눅 12 : 16 - 21). 물론 이 비유에서 어리석은 사람의 이름은 나타나지 않는다. 하지만 예수님의 비유에서 그가 엄청난 재물을 축적한 사람임에는 틀림없다. 그 비유의 이야기 후에 예수님이 제자들에게 주시는 교훈이 뒤따른다(눅 12 : 22 - 31). 예수님은 재물에 대한 염려에 대해 경고하신다. "그러므로 내가 너희에게 이르노니 너희 목숨을 위하여 무엇을 먹을까 몸을 위하여 무엇을 입을까 염려하지 말라"(눅 12 : 22).

예수님은 생활을 안전하게 하는 재물을 쉴 새 없이 추구하는 강한 욕망을 확인시켜 주시면서, 그러한 염려로부터 자유로운 다른 피조물인 공중에 나는 새들이나 들에 피는 꽃들과 대조시키신다. 그리고 나서 예수님은 재물에 대한 '염려의 우상'의 이름을 거론하신다. "그러나 내가 너희에게 말하노니 '솔로몬'의 모든 영광으로도 입은 것이 이 꽃 하나만큼 훌륭하지 못하였느니라"(눅 12 : 27).

비유에 나오는 어리석은 사람은 바로 다름 아닌 깊은 불안에 의해 촉발된 전형적인 재물 축적자 솔로몬이다. 예수님의 말씀은 하나님의 선하심에 토대를 둔 재물 축적과는 다른 길이 가능하다는 뜻이다. "이 모든 것은 세상 백성들이 구하는 것이라 너희 아버지께서는 이런 것이 너희에게 있어야 할 것을 아시느니라"(눅 12 : 30).

예레미야가 요약하고 예수님이 제자들 앞에 제시한 진리는 솔로몬만큼 오래된 것이다. 이 진리의 전승은 불안에 사로잡힌 권력의 치명성과 생명을 수여해 주는 언약의 진리에 대해 항상 알고 있었다. 구약성경에서 솔로몬의 내러티브는 권력과 진리의 대화에 대한 도전적인 실례이다. 그것은 또한 그칠 줄 모르는 재물의 축적의 세계에 속한 우리의 불안한 삶에 대한 직접적인 실례인 것이다.

TRUTH SPEAKS TO POWER

ELISHA

CHAPTER 03

진리가
선포되는 날

엘리사

엘리사

열왕기상·하는 고대 이스라엘과 유다의 군주 시대에 대한 신학적으로 해석된 규범적인 역사를 제공한다. 열왕기상·하가 신학적으로 해석된 역사로 이루어져 있다는 사실을 일반적으로 인식하고 있음에도 불구하고, 사람들은 이 작품의 순서와 연대기에 대해 계속해서 비판적인 해석을 요구했다. 400년을 거슬러 올라가는 역사적인 전개는 바로 앞 장에서 살펴보았던 과정인 다윗 왕의 죽음과 그의 아들 솔로몬의 탁월한 권력이 수립되는 사건으로 시작한다(왕상 1-11장). 그 전개 과정은 열왕기하 24~25장에서 예루살렘과 그 성전의 파괴, 그리고 왕실 가문을 포함한 지도급 인사들의 강제 송환과 더불어 마지막에 덧붙여진 흥미로운 각주로 끝난다(왕하 24 : 13-17 ; 25 : 11-12).[1]

---

1) 나는 *Testimony to Otherwise : The Witness of Elijah and Elisha* (St. Louis : Chalice Press, 2001)에서 이러한 주장 일부를 선보였다. 하지만 나는 이제 이 이야기들에서 수행된 근본적인 주장을 훨씬 더 명확하게 이해한다.

왕국 역사의 공식화

열왕기상·하는 솔로몬이 융성하던 때부터 예루살렘이 파괴된 시기 사이의 예루살렘 남유다 다윗 왕가의 연속성과 사마리아의 북이스라엘 왕국의 서너 차례에 걸친 왕조의 불연속성[2]을 추적한다. 열왕기상·하는 대부분 신학적인 해석자들이 의도하는 이야기들이 여기저기 삽입된 평이하고 공식적인 문체로 이루어져 있다. 그래서 왕실의 역사는 대부분 공식적인 틀로 축소되어져 있다. 남북 왕국의 역사는 교묘한 구조로 서로 연계되어 기술되어 있다. 그 설명의 공식적인 특성은 신적인 목적, 신적인 판단, 신적인 신뢰가 역사적인 과정에 결정적으로 작용하는 방식으로 전체에 대한 조화와 연속성을 보장하고, 신학적인 해석들을 허용하고 있다. 전체적인 공식적 틀은 적절한 구체성을 가지고 있고 전반적인 내용을 통제하기 위한 교육적인 의도를 지니고 있는 것으로 보인다.[3] 열왕기상·하 전체의 내용은 초등학교 아이들이 배우는 역사 교과서와 별반 다르지 않다.

이러한 왕실 통치자들의 계승은 이스라엘의 역사에서 확연히 눈에 띄고, 인정을 받으며, 정당화된 권력자들이 누구인지를 확인해 준다. 이들은 관직을 장악하고, 결정을 내리며, 경제를 운영하고, 전쟁을 치른다. 또한 성전을 건축하고 공공적이고 가시적인 권력의 모든 내용들을 세워나가

---

2) 역주 : 왕조의 불연속성이란 남유다 다윗 왕국과 달리 북이스라엘 왕국은 몇 차례의 왕위 찬탈 사건에 의해 왕위 계승이 단절된 것을 가리킨다.
3) 열왕기 전체 내러티브는 여호와께서 예루살렘을 파괴했다는 점을 정당화하는 신정론을 기반으로 하여 구성되었다고 볼 수 있다. 즉, 그러한 주장은 열왕기하 17장 7~23절이 북이스라엘의 멸망에 대해 신정론이 기능하는 방식으로 유다에 대해서도 기능할 것이다.

는 인물들이다. 그들은 적어도 예루살렘의 남쪽(남유다)에서 다윗 왕가의 정치 권력과 예루살렘 성전에서의 여호와의 임재를 정당화했던 종교 권력으로 여겨진다(삼하 7 : 11 – 16 ; 왕상 8 : 12 – 13). 열왕기상·하의 보도가 의도하는 바는 — 보통 역사를 공부하는 어린아이가 하듯이 — 독자가 의혹적인 방식으로 또는 어떤 저항감을 가지고 그 자료의 주장들을 해석해서는 안 된다는 것이다. 이 보도는 포로로 잡혀간 해석적 세대와 다윗 가문에 대한 신적인 보증의 재확인을 연결시키는 공동체의 인식된 과거, 즉 인식된 과거에 대해 권력층이 의도적으로 배열한 것이다.

이야기 속으로 들어가는 엘리야

이 고리타분한 왕정 역사의 공식적인 재연 한가운데서 예외적으로 기이한 일이 발생한다. 열왕기상 17장 1절에서 왕가의 안정적인 균형(symmetry)은 전혀 예기치 않았던 상황에 의해 갑작스럽게 중단된다. 그 어떤 설명이나 예상도 없이 우리는 다음과 같은 진술을 접하게 된다. "디셉 사람 엘리야가……아합에게 말했다" 우리는 독자로서 이 진술을 어떻게 이해해야 할지 준비되어 있지 않다. 그리고 아합 왕 또한 준비되어 있지 않았다는 점도 분명하다. 우리는 결코 엘리야에 대하여 들은 적이 없다. 또한 그의 출신지인 디셉에 대해서 아무것도 알지 못한다. 본문을 통해서는 그가 어떻게 아합 왕에게 접근했는지 알 수 없다. 그가 언급했던 기근에 대해 어떻게 미리 알게 되었는지 혹은 그가 받았다고 주장하는 왕과 관련된 여호와로부터 온 말씀을 어떤 식으로 받았는지에 관하여 모든 것이 설명되지 않은 채 남아 있다. 열왕기 역사가들은 그것을 설명하기 위해 아무런 노력도 하지 않는다. 그의 외모와 발언은 그들의 편에서 어떤 의구심도 불러일으키지 않고, 그 모든 것이 단지 그들에게 신뢰할 만한 것으로 여긴다. 어쩌면 아마도 그들은 왕가의 역사가 그렇게 기이하게 중단될 수도 있다는 사실에 독자가 충격을 받고 분개해야 한다는 점을 의도하고 있는지도 모른다.

우리가 엘리야와 같은 매우 뛰어난 인물에게서 얻을 수 있는 것은 반복해서 규칙적으로 등장하는 "주께서 이르시되"로 시작하는 이야기들, 즉 넉 장으로 이루어진 내러티브들이다. 그것은 마치 이 보증을 받지 못한, 즉 정당성을 인정받지 못한 국외자가 심지어 권력층에 의해 정돈된 역사적 내러티브 공식에 도전할 때조차도 안정된 왕의 권력에 도전하는 계시적인 힘을 담은 말씀들을 전달할 수 있는 것처럼 여긴다. 디셉 사람 엘리야에 관해 아무런 설명도 없다. 그는 왕권에 대립하고 도전하면서, 왕가의 지배를 넘어서, 어떤 정상적인 설명도 거부하는 새로운 삶의 영역을 창조하면서, 자신의 격정적인 변혁적 행동을 고수한다. 열왕기상 19장 19~21절에서 그는 자신을 따르고 순종하며 계승하는 제자, 즉 엘리사를 불러 그의 능력을 전수한다.

"나를 내 부모와 입맞추게 하소서 그리한 후에 내가 당신을 따르리이다 …… 일어나 엘리야를 따르며 수종 들었더라"(왕상 19 : 20-21).

그러고 나서 열왕기하 2장 1~11절에서 엘리야는 제자들이 보는 바로 면전에서 불가사의하고 극적인 방식으로 하늘로 올라간다.

"나를 네게서 데려가시는 것을 네가 보면 그 일이 네게 이루어지려니와 그렇지 아니하면 이루어지지 아니하리라 하고 두 사람이 길을 가며 말하더니 불수레와 불말들이 두 사람을 갈라놓고 엘리야가 회오리 바람으로 하늘로 올라가더라"(왕하 2 : 10 – 11).

엘리야는 처음에 등장했던 것처럼 어떤 정상적인 합리성을 거슬러 급작스럽게, 아무런 설명도 없이 사라진다. 이 알 길이 없는 "하늘로 올라감"의 결과로 인해 그는 죽지 않은 것으로 인정되고 해석된다. 그의 생명은 어떤 정상적인 종결을 맞이하지 않았다. 말라기가 그의 재림을 기대한 대로(말 4 : 5 – 6), 어떤 사람들이 나사렛 예수를 엘리야가 돌아온 것으로 생각한 대로(마 16 : 14), 어떤 사람들이 예수가 십자가에서 엘리야를 부르는 것으로 생각한 대로(마 27 : 47), 심지어 우리 시대의 유대인들이 엘리사가 유월절 식탁 가운데 다시 나타나리라고 기대하는 대로, 참으로 엘리야의 생명은 미래의 가능성에 열려져 있다. 그 어떤 인습적인 형태의 권력에도 종속시키지 않고, 그 어떤 인습적인 양태의 이성으로도 설명하지 않고, 이 설명할 길 없고 알 길도 없는 신적인 대행자를 역사의 전개 과정에 풀어 주는 것은 왕가의 역사를 얼마나 불안하게 하는 것인가? 왕권의 통제와 확실성의 공식들을 뒤집어 버리면서 엘리야와 같은 인물로 하여금 왕가의 역사를 서술하는 중간 장들을 차지하게 하는 것은 또 얼마나 왕가의 역사를 불안하게 하는 것인가? 그 결과 독자들은 눈을 크게 뜨고 왕권이 또 무엇을 위반할지 감시하게 된다. 이 사람 엘리야는 "주께서 이르시되"라는 놀라운 선포 공식을 넘어서는 그 어떤 권위의 도구도 지니고 있지 않다. 엘리야는 바로 그 선포 공식으로 스스로가 진리전달자임을 주장했고,

또 그렇게 보여진다. 엘리야를 기억하고 상상했듯이, 그들은 여호와의 이름으로 '진리를 선포하는 것'이 연약한 자들의 삶 속에서 '진리를 실천하는 행동'에 상응한다는 사실에 주목했다. 엘리야에 대한 내러티브들은 지속적인 전복적 힘을 지니고 있다. 왜 그럴까? 내러티브들은 왕권의 보다 편리한 범주들에 결코 수용될 수 없기 때문이다.

엘리사가 엘리야의 사역을 계속하다

제자 엘리사가 한때 하늘(거기로부터 "다시 올")로 사라졌던 엘리야를 계승한다.[4] 엘리사는 엘리야가 하늘로 오르는 것을 바라보았고, 비통한 심정으로 그에게 소리쳤다(왕하 2 : 12). 그리고 나서 그는 갑자기 엘리야로부터 받은 능력의 겉옷을 받아들고(왕하 2 : 14 ; 왕상 19 : 19을 보라), 영에 사로잡히는 것(혹은 '엘리야의 영'에 사로잡히는 것[왕하 2 : 15])으로 나타난다. 그는 즉시 놀라운 변혁적 능력을 발휘하는 사역을 시작한다. 엘리사는 엘리야의 사역의 기세를 지속시키고 확장시킨다. 그리고 더욱 확장된 내러티브에서 그는 도저히 설명할 길 없는 모습으로 왕가의 역사 한가운데 계속해서 등장해서 왕권을 불안하게 한다. 왕들이 지속적으로 권력의 토템들을 장악하고 지배하는 동안 이 이야기에서 명백하게 드러나는 사실은, '하나님의 거룩함'이 왕권으로부터 왕가의 역사에 대한 서술에서

---

4) Walter Brueggemann, "Elisha as the Original Pentecost Guy," *Journal of Preachers* 32, no.4(Pentecost, 2009) : 41–47쪽 참조하라.

커다란 비중을 차지하는 '보증받지 못한 사람들'(엘리야와 엘리사와 같은 왕권의 국외자)에게로 '옮겨졌다'는 것이다.[5]

열왕기서는 모두 47장으로 구성되어 있고, 엘리야와 엘리사에 관한 기사는 이스라엘 왕실과 유대 왕실 전체 역사의 1/4을 차지하고 있다. 그들이 전체 내러티브의 25%를 차지하고 있다는 사실을 상상해 보라. 두 인물은 너무나도 분명하게, 그들을 내러티브의 중심에 배치함으로써 역사에 대해 말하고자 하는 열왕기 속 신학적인 역사가들의 상상력을 사로잡고 있다. 나아가 그 역사가들이 기록한 자료가 어떻게 왕실의 검열을 피할 수 있었는지 놀랍다.

이러한 놀라운 내러티브의 성취는 이 신학적 역사가들이 의혹을 가지고 소통하고자 하는 것처럼 당대의 왕권이 백성들의 참된 역사에 있어서 결정적인 주체들은 아님을 제시한다. 즉, 역사의 진정한 주체는 권력을 차지하고 있는 세도가들을 경시하거나 부정하면서 다양한 방식으로 활동하고, 권력의 일상 바깥과 그 너머에 서 있는 엘리야와 엘리사이다.

이러한 공적 역사의 서술은 마치 남아프리카의 오랜 역사를 서술하는 것과 같다. 즉, 역사의 참된 창조자로의 넬슨 만델라(Nelson Mandela)와 데스몬드 투투 주교(Desmond Tutu)에게 우선적인 주의를 기울이는 것과 같은 것이다. 또는 마치 마틴 루터 킹(Martin Luther King Jr.)이나 다니엘

---

[5] 나는 William T. Cavanaugh의 *The Myth of Religious Violence : Secular Ideology and the Root of Modern Conflict* (Oxford University Press, 2009), 174쪽과 그 이하의 여러 군데와 또한 *Migrations of the Holy : God, State, and the Political Meaning of the Church* (Grand Rapids : Eerdmans, 2011)에서 "거룩의 이전"(migration of the holy)이라는 구절을 취한다. 한편 카바노는 보씨(John Bossy)의 저작에서 그 구절을 전유했다.

베리건(Daniel Berrigan)과 수잔 앤서니(Susan B. Anthony)와 같은 사람을 미국 역사에서 주요한 역할을 담당한 사람들로서 그리는 것과 같은 것이다. 또한 독일 역사에서 말하자면 디트리히 본회퍼(Dietrich Bonhoeffer)를, 영국 역사에서 말하자면 토마스 크랜머(Thomas Cranmer)를, 유럽 역사에서 말하자면 장 칼뱅(John Calvin)을, 교회의 오랜 역사에서 말하자면 오스카 로메로(Oscar Romero) 대주교와 교황 요한 23세(Pope John XXIII), 그리고 한스 큉(Hans Kung)을 주요한 역할을 감당한 인물들로 그리는 것과 같다. 이와 같은 역사의 주요 인물들은 전통적인 권력의 양태들에 의해 신임을 얻거나 제한을 받는 것을 거부한 것으로 알려져 있다. 그들은 진리의 변혁적인 능력이 기성 권력을 옹호하는 세력들에게 있어서는 믿을 만한 동반자가 아니라는 것을 이해한 인물들이다. 오히려 진리는 권력의 제한을 넘어 역사한다.

열왕기상·하를 기록했고 편집했던 사가들은 역사에 관해 유희적이고 해방적인 감각을 가졌으며, 왕조의 범주에 과도한 영향을 받지 않았음이 분명하다. 왜냐하면 진정한 힘은 왕가의 지평에 포함되어 있지 않은 영의 지시에 따라, 즉 "진리를 말하는 능력"이 변화를 가져오는 참된 방식으로 행동할 수 있는 힘이기 때문이다. 이와 같은 대안의 역사가 효력이 있다고 주장하는 대담한 용기와 담력은 불가피하게, 권력을 위탁받았을 뿐 근본적으로 변화시킬 수 있는 능력이 없는 존재인 왕들의 실체를 폭로한다.[6] 그 결과는 왕들이 권력의 형태를 점유한 반면, 그 내용은 결여되어 있다는 사실을 보여 주기 위해 효과적인 방식으로 왕들의 정통성을 빼앗는 것이고 파괴하는 것이었다. 그들은 권력을 강화시키는 거짓 진리를 신뢰하지 않는다. 결국 열왕기상·하는 사실상 왕가의 내러티브를 너무 진지하게 받아들여서는 안 된다는 점을 드러내는 의문부호 및 암시와 함께, 다음과 같은 제목을 붙이는 것이 그럴듯해 보인다. "열왕기상·하?"

왕들은 이 이야기에서 단지 이야기의 형식으로 우리를 위해 보존되어 있는 변화시키는 힘을 보여 주며, 행동하는 진리의 담지자들을 장식하는 창문으로 나타난다. 그러므로 '엘리사의 이야기'는 단지 '권력'을 무시하는 '진리'에 강조점을 두고 있다. 엘리사는 왕들에게 도전하지 않는다. 하지만 그는 왕가의 지위를 전적으로 무시하면서 자신의 변혁적인 방식을 지속해 나간다.

이와 같은 진리에 의한 권력의 전복이 누가가 나사렛 예수에 대해 설명하기 시작하는 방식에서도 분명하게 나타난다. 누가는 심혈을 기울여 자신의 독자들로 하여금 이것이 일상적인 역사가 아니라는 사실에 주목하게 한다. 그는 "그가 또 엘리야의 심령과 능력으로 주 앞에 먼저 와서"(눅 1:17)라고 말함으로써 천사로 하여금 사촌인 요한을 예기하도록 만든다. 그리고 가브리엘로 하여금 다음과 같이 선포하게 한다. "하나님의 모든 말씀은 능하지 못하심이 없느니라"(눅 1:37). 누가는 마태가 기록한 왕가의 반복(마 1:1-17)을 거부하는 대안적인 계보(눅 3:23-38)를 제공한다. 그는 오히려 농장주(plantation master)들이 전혀 의심하지 않았던 계보를 추적하는 알렉스 헤일리(Alex Haley)의 「뿌리」(Roots)에 나오는 것처럼, '신용이 없는 자들의 목록'을 제시한다(눅 3: 23-38).[7] 이 유희적

---

6) 현대의 대항-역사(counter-history)에 대한 이해를 위해서는 Howard Zinn의 *A People's History of the United States* (San Francisco : Harper & Row, 1980)를 참조하라.

인 전도 한가운데서 누가는 세례 요한을 제국에서 공적(public)으로 등장시킨다. 누가는 이미 잘 알려진 모든 권력의 토템들 가운데 독자를 위치시킴으로써 그렇게 한다.

"디베료 황제가 통치한 지 열다섯 해 곧 본디오 빌라도가 유대의 총독으로, 헤롯이 갈릴리의 분봉 왕으로, 그 동생 빌립이 이두래와 드라고닛 지방의 분봉 왕으로, 루사니아가 아빌레네의 분봉 왕으로, 안나스와 가야바가 대제사장으로 있을 때에"(눅 3 : 1 – 2a).

그리고 나서 갑작스럽게 등장한다.

"하나님의 말씀이 빈 들에서 사가랴의 아들 요한에게 임한지라 요한이 요단 강 부근 각처에 와서 죄 사함을 받게 하는 회개의 세례를 전파하니" (눅 3 : 2b – 3).

이러한 기술적인 수사(修辭)에서 누가는 이전에 언급했던 모든 권력자들을 부적절한 것으로 기각한다. 그들이 부적절한 이유는 기성 권력체제가 영합하거나 저항할 수 없는 인간 역사의 새로운 중심이 권력의 흐름으로 부상했기 때문이다.

---

7) 누가는 또한 그의 가계의 배열에 의해 혈통의 주장들을 평가절하한다. 예수 그리스도의 족보는 마태복음처럼 처음부터 나타나지 않고 탄생 이야기 이후의 3장으로 보류되고 있다.

예수께서 '성령의 충만함을 입어' 요단강에서 돌아오사 광야에서 사십 일 동안 성령에게 이끌리시며(눅 4 : 1).

예수께서 '성령의 능력으로' 갈릴리에 돌아가시니 그 소문이 사방에 퍼졌고(눅 4 : 14).

주의 성령이 내게 임하셨으니(눅 4 : 18).

마지막 절은 물론 인용구이지만 요점은 마찬가지이다. 세계의 새로운 역사가 기존의 가시적인 권력의 범주로부터 우리를 자유롭게 하는 성령에 의해 능력을 받게 된다.

엘리야–엘리사 내러티브는 누가가 진술해야만 하는 예수 이야기를 위한 전조이자 모델이다. 이 성경적 상상력의 타래는 신구약성경에서 모든 공식적인 권력자들을 불신하고, 그들을 무대의 중심에서 끌어내린다. 이러한 대항적인 상상력은 이 백성들과 세계 역사의 대안적인 설명을 명명하고 제시한다.

이 얼마나 기이하고 또 얼마나 교묘한가! 엘리야–엘리사 내러티브는 이러한 기존 권력의 기각을 직접적으로 행하지도 않고, 대안적인 역사를 전면에 내세우지도 않는다. 그렇게 하는 것은 너무 위험하면서도 너무 쉽다. 오히려 그것은 내러티브의 증언을 전도(顛倒)시키는 방식으로 이루어진다. 그래서 이야기를 전복시키는 방식이 전복의 실체와 상응하게 한다. 그것은 독자들에게 증언의 핵심을 이해하도록 돕기 위해 인습적인 합리성을 옆으로 치워버릴 것을 호소한다. 그것은 참된 변화의 활동이 사회화된 장소가 아닌 '다른 어떤 곳'에서 발견된다는 사실을 독자들로 하여금 관찰하게 하기 위함이다.

그래서 나는 미국 감독교회 컨퍼런스에서 다음과 같은 것을 기대했다. 즉, 나는 미국 감독교회가 비록 그 동료 교회들처럼 기성의 인습적인 조치를 취할 때조차도 권력의 관리자들을 해체하고 기각하기 위해, 또한 참된 활동을 위해 하나님의 진리의 영에 의해서 인도될 때 어떤 다른 곳에서, 때로는 그리스도의 몸 안에서, 그리고 더 넓게는 세상의 관심사 가운데서 활동하는 하나님의 영의 세찬 물결 가운데에서 이루어진다는 점을 보여 주고 증언하기 위해 예전을 통해 규칙적으로 만나는 사실을 깊이 생각해 보았던 것이다. 고대의 내러티브들처럼 예전은 본질적으로 전복적인 특성을 지니고 있다. 그러나 그것을 이루기 위해 우리가 할 수 있는 모든 것을 할 때조차도 일상적인 사업처럼 인습적인 것이 되고 만다. 결국 그러한 내러티브와 증언, 그리고 예전을 안이한 방식으로 취할 수 없는 이유는 바로 전복적인 특성을 지니고 있는 본문의 짜임새가 그 질료 자체로 고유한 것이지 어떤 특별한 해석에 좌우되지 않기 때문이다. 이하에서 나는 참된 활동인 위험하며 변혁지향적인 활동이 신용도 없고 힘도 없고 혈통도 없지만, 이 세상을 행복하게 변화시키는 변혁지향적인 위험한 영에 사로잡힌 진리의 담지자들과 그 주위에 소용돌이치는 내러티브가 증언하는 방식들을 고찰한다. 인습에 사로잡힌 권력의 통제자들은 세상에서 이러한 힘들을 방해하거나 조력하는 데에 자신들의 무력함을 통감하면서 내러티브의 가장자리에 서 있다. 고대의 내러티브들에서 관찰 가능하고 오늘날에도 실제로 가능한 이 변혁적인 능력은 정의롭고 평화로운 세상을 지향하는 하나님의 신비와 깊은 조화를 이룬다.

권력의 본질과 진리의 요구

여기서 나는 권력의 본질과 진리의 요구에 관한 진리 논쟁으로 엘리사의 이야기들을 다시 읽도록 여러분들을 초대한다. 그 이야기들 가운데 어떤 것은 이미 우리에게 친숙하다. 이러한 진리 논쟁은 역사의 공적 과정에서 계속해서 관찰할 수 있는 신용이 결여되고 변혁적인 능력과 마주하고 있는 기성 권력 집중의 신빙성과 효율성에 관심을 갖는다. 이러한 진리 논쟁은 심각하면서도 지속적인 것이며, 이는 내러티브의 구체성을 통해 이루어진다. 만일 우리가 여기에서 이루어진 치열한 진리 논쟁에 대해 민첩하게 분별하지 않는다면, 이 내러티브들을 단지 우연한 전설적인 에피소드로 간주하는 실수를 범하기 쉬울 것이다. 많은 비평학이 그러한 실수를 범했다.

'엘리사'라는 이름은 "나의 하나님이 구원하신다."라는 뜻을 갖는다. '나의 하나님'은 출애굽 사건의 하나님, 즉 다름 아닌 야훼(YHWH)이다. 그 이름은 이전의 엘리야에게서 발음되었던 바로 그 이름이기도 하다. 엘리야의 이름 또한 "야훼는 나의 하나님"이라는 의미를 가진다. 그의 이름에서 'jah'는 야훼(YHWH)를 뜻한다. 엘리야와 엘리사, 두 이름의 의미는 다른 누군가, 즉 그 어떤 다른 신도 구원할 수 없다는 것이다. 그 어떤 다른 능력으로 고칠 수도, 먹일 수도, 회복시킬 수도, 변화시킬 수도 없다. 지역적인 배경에서 두 이름은 그 누구도 구원할 수 없는 바알에 대한 경멸과 기각을 의미하고 있다(왕상 18 : 21, 39을 보라). 하지만 물론 진리 논쟁은 어떤 지역적인 바알을 훨씬 넘어서서 야훼의 모든 경쟁자에게 미친다. 이 두 인물들의 활동은 "나의 하나님이 구원하신다."라는 주장에 실체적인 내용을 제공한다. 왜냐하면 '나의 하나님'은 본문이 증언하고 있는 능력을 부여받은 이 인간 대리자들(엘리야와 엘리사)을 통해 구원을 행하시기 때문이다.

이미 열왕기하 2장에 나오듯이 엘리사가 엘리야의 두루마기와 영을 받았을 때, 그가 했던 첫 행동은 요단강을 가로질러 동쪽으로 향하는 것이었다. "우리는 그가 물을 치면서 '엘리야의 하나님 여호와는 어디 계시니이까?'라고 말하는 것을 듣는다. 그가 물을 쳤을 때 물은 이리저리 갈라졌고, 엘리사는 건너갔다." 그는 요단강을 갈라지게 했다. 그는 마른 땅을 밟고 건너갔다. 하지만 물론 모든 독자들과 증인들은 요단강이 갈라진 것이 출애굽에서 홍해가 갈라진 것의 모사(模寫)이며 반복이라는 것을 안다. 그래서 그것은 다음과 같이 기억되고 있다. "너희의 하나님 여호와께서 요단 물을 너희 앞에서 마르게 하사 너희를 건너게 하신 것이 너희의 하나님 여호와께서 우리 앞에 홍해를 말리시고 우리를 건너게 하심과 같았나니"(수 4:23).

여기서 '~ 같았나니'(as)라는 조사는 출애굽의 기억과 강 건넘이 행해진 사건을 연결한다.[8] 이 사람은 새로운 모세이다. 그는 이스라엘 백성들에게 생명을 가져다 줄 새로운 해방자이다. 엘리사는 이제 노예와 죽음의 세력에 도전할 사람으로 선택된다. 그는 죽음의 세력이 많은 사람들을 배제하면서 삶을 독점했던 사회적·경제적·정치적 세력들 사이의 거주자들을 장악해 왔다는 사실을 인식하면서, 모세가 행했던 것처럼 할 것이다. 그러한 삶에 대한 배타적인 지배는 이 내러티브 안에서 엘리사의 대적이 되었던 아합 왕과 그의 아들들의 왕권에 의해 수행되었다.

---

8) 출애굽의 강 건넘과 엘리사의 요단강의 강 건넘을 연결시키는 이 본문의 'as'에 대하

생명을 풍성하게 하는 엘리사

열왕기하 4장에서 우리는 하나님의 진리에 보증받지 못한 담지자인 엘리사가 완전히 설명하기 어려운 모습으로 살았던 삶의 방식에 대한 세 편의 내러티브를 만나게 된다.

궁핍한 자들을 위한 풍요

그의 동료 그룹에 속해 있는 한 과부가 엘리사에게 말한다(왕하 4:1-7). 그 여인은 체계적인 권력 남용에 대해 강렬하게 항거하고 "울며 부르짖는다". 채권자가 그 여인이 도저히 갚을 수 없는 빚의 대가로 그 자녀들을 종으로 요구하기 때문이다. 엘리사는 가진 자들이 가지지 못한 자들과 그들의 자녀들을 집어 삼키려는 심각한 경제적 위기를 가까스로 뚫고 나아간다. 그는 해명할 수 없는 풍요를 가져오는 행동으로써 희망이 없는 상황에 대응한다(왕하 4:2-6). 무슨 방법으로 엘리사가 그렇게 흘러넘치는 감람나무 열매의 기름을 만들어 냈는지 우리는 들을 수 없다. 그것은 마을 전체를 압도시키기에 충분한 것 이상이었다. 엘리사는 그 과부를 희생시킴으로써 채권자에 의해 조성되고 착취된 '빈곤의 체계'에 참여하기

여 Garrett Green의 *Imagining God : Theology and the Religious Imagination* (San Francisco : Harper & Row, 1989) 「하나님 상상하기」, 장경철 역, 한국장로교출판사, 73, 140쪽을 참조하라. 그린은 'as'를 "상상력의 연결조사"(copula of imagination)로 말한다. 그것이 정확하게 이 본문에서의 기능이다.

를 거부한다. 엘리사는 놀랍도록 풍성한 행위에 의해 궁핍이라는 사회적 질병을 깨뜨린다.

그 결과 과부는 빚을 갚을 수 있었고, 자녀들을 구했으며, 풍부한 나머지 감람나무 열매의 기름에 의존해서 안정적으로 살아갈 수 있었다. 우리는 열왕기하 4장 2~6절에서 엘리사에 의해 행해진 것이 '경제적 위기'에 의한 내러티브(1절)와 '경제적인 회복'의 내러티브(7장) 사이에 삽입되었다는 사실에 대해서 잠시 생각해 보아야 한다. 우리가 그 경제적인 틀에 주의를 기울이지 않는다면 기적의 힘이나 그 중요성을 평가하고 음미하는 것은 불가능하다. 신용과 채무의 지배적인 경제적 틀은 기성 권력, 즉 금융 조직과 결탁하고 있는 정부에 의해 창출되고 보증된다. 그러나 엘리사는 그러한 지배 권력을 반박하는 진리를 선포하고 실천한다. 그가 실천하는 진리는 풍성한 생명의 원천이 존재함을 의미하고, 그 생명의 원천의 풍성함이 "받을 만한 가치가 없다고 여겨지는" 과부와 마을에 있는 그의 동료들에게 자유롭게 주어졌다는 것을 뜻한다. 그 내러티브는 하나님이 부여하신 풍성함의 진리에 따라 권력의 사회적인 잣대의 지형을 다시 그린다.

죽음을 전복시키는 생명

열왕기하 4장 8~37절의 확장된 내러티브는 복잡한 사연을 다루는데, 본문에서 엘리사는 아들이 없는 여인에게 아들을 갖게 해 주고(왕하 4:11-17), 어떻게 그 아들이 죽게 되며(왕하 4:18-31), 그의 아들의 죽음에 직면한 여인의 삶에 엘리사가 어떻게 결정적으로 개입하는지(왕하 4:32

−37)에 대한 이야기가 담겨 있다. 엘리사는 망설임 없이 죽음의 영역 속으로 들어간다. 그는 죽은 소년 위에 엎드려서 소년을 위해 기도한다(33절). 그리고 그는 죽은 소년과 입과 입, 눈과 눈, 손과 손으로 육체적 접촉을 한다. 아이는 재채기를 하고 다시 살아난다. 엘리사는 놀란 소년의 어머니에게 아주 짧게 말한다. "네 아들을 데리고 가라"(왕하 4 : 36). 이 내러티브는 호기심이나 설명이 전혀 없이 전개된다. 이야기는 어떻게 소년의 죽음이 극복되었는지 말해 주지 않는다. 그러나 내러티브는 엘리사에 의해 행해진 놀라운 일을 의심하지는 않는다. 왜냐하면 그 내러티브는 엘리사가 모든 것들을 새롭게 하기 위해 능력을 부여받았다는 사실을 기꺼이 증언하고 있기 때문이다.

굶주린 사람들을 위한 양식

음식을 정결하게 한 후에(왕하 4 : 38−41), 엘리사는 굶주린 사람들에게로 건너온다(왕하 4 : 42−44). 그는 기적을 일으키기 위해 필요한 약간의 음식으로 모든 사람들을 먹인다. 그들 모두가 먹고 남은 음식도 있었다. 이것은 엘리사가 자신을 신뢰하게 만드는 풍성함의 능력, 즉 죽음에 이르게 하는 궁핍을 극복하는 능력을 보유하고 있다는 또 다른 표징이다. 지금까지 엘리사가 서술적인 설명 없이 그러한 행위를 한 것은 별로 놀랍지 않다. 설명의 결여는 내러티브를 풀어 가는 전략의 일부이며, 물론 독자는 그것이 엘리사가 한 일이라는 것을 알 수 있다. 이 내러티브는 더 이상의 설명을 요구하거나 심지어 허용하지 않는 방식으로 엘리사가 누구인가를 보여 준다. 그는 부정적인 상황을 새로운 생명을 위한 선택으로 변화시키는 가능성의 주체이다. 한편 우리가 '왕들의 책'(열왕기서)을 읽고 있음에도 불구하고 이 모든 내러티브들 가운데 다른 도움의 원천, 즉 어떠한 왕의 활동도 존재하지 않는다는 사실에 주목하게 된다. 그러한 왕들의 활동이 내러티브에 등장하지 않는다는 사실은 다른 원천에 뿌리를 두고 있으며, 복지를 위한 왕들의 활동이 부적합하다는 점을 보여 준다.

다른 권력의 지형도를 그리는 엘리사

열왕기하 5장에서 능력의 배치도는 이전과는 다소 다르고 더욱 복잡하다. 여기에서 제시하는 문제인 인간의 위기는 시리아의 (아람) 장군을 강타했던 한센병이다. 나아만 장군은 자신의 경력을 끝낼 수도 있는 사회적인 질병인 한센병으로 고통받는다. 그는 이스라엘의 노예 소녀 덕분에 사마리아로 향하게 된다. 그리고 그 소녀에 의해 '그 선지자'에게로 인도된다(왕하 5:3). 그러나 전형적인 권력가들처럼 그는 무엇이 중요한지를 제대로 이해하지 못하고 있다. 그는 선지자에게 가지 않고 권력의 중심으로, 사마리아에 있는 이스라엘 왕을 보기 위해 나아간다(왕하 5:5-6). 그러나 이스라엘 왕은 그의 탐색과 그의 필요를 물리친다. "내가 어찌 하나님이관대 능히 사람을 죽이며 살릴 수 있으랴 저가 어찌하여 사람을 내게 보내 그 문둥병을 고치라 하느냐"(왕하 5:7).

왕은 타국의 장관이 엘리사에게 도움을 요청하러 온 것에 대해 분개한다. 왜냐하면 그는 도울 수가 없기 때문이다. 엘리사는 하나님이 아니며,

나아만 장군이 치유받기 위해서는 하나님의 도우심이 필요하다. 이 내러티브 자체에서 더 이상 왕이 등장하지 않는 것은 그의 부적합성의 사실을 드러낸다. 왕은 모든 권력을 가지고 있지만 구원을 위해서는 아무것도 할 수 없다. 왜냐하면 구원은 오직 '구원하는 나의 하나님'만이 하실 수 있기 때문이다.

엘리사는 경각심을 가지고 좌절한 타국의 장군이 자신에게 도움을 요청하고 올 수 있도록 초대한다. 권력가인 나아만 장군은 또다시 헛짚는다. 그는 대단히 인상적인 수행원들을 대동하고 선지자의 문 앞에 도착한다(왕하 5:9). 그는 '중요한 사람'으로 환영받기를 기대했던 것이다. 그러나 엘리사는 그러한 권력의 과시를 전혀 인상적으로 생각하지 않는다. 엘리사는 군사력으로 화려하게 치장한 것이 아무런 의미가 없음을 알고 있다. 엘리사는 방문한 고위 인사를 보기 위해 자신이 앉아 있던 의자에서 일어서지도 않는다. 그는 단지 요단강물에 일곱 번 몸을 담그라는 지시를 남긴다. 그 지시는 마치 "아스피린 두 알을 드세요."와 같은 친숙한 처방처럼 들린다. 이에 나아만 장군은 분개한다. 그는 스스로가 진지한 대우와 마땅한 존경을 받지 못했다고 생각한 것이다. 자신의 고통이 엘리사의 처방보다 더 큰 돌봄을 받아야 한다고 생각하면서, 일반적인 대중들의 치료법에 의존하고 싶어 하지 않는다. 그리고 나아만 장군은 도움을 구하기 위해 적의 영토까지 찾아와 체면을 구긴 이 여행을 하지 말았어야 했다고 후회한다(왕하 5:11-12).

그러나 많은 달램과 타협 후에 마침내 장군은 선지자의 말에 순종한다. 그는 요단강물 속으로 들어간다. 비록 큰 저항감을 가지고 행하기는 했지만 말이다. 그리고 나서 그 내러티브는 다음과 같이 전해 준다.

"그 살이 여전하여 어린아이의 살 같아서 깨끗하게 되었더라"(왕하 5 : 14).

그는 그 사회적인 질병에서 깨끗이 치유함을 받았다. 그는 구원받았다. 그는 다메섹에서의 특권적인 역할을 회복할 수 있게 되었다. 그것은 어린 노예 소녀가 확신했던 그대로 치유되었다. 나아만은 엘리사에게 치료에 대한 대가를 지불하기를 원한다. 생각해 보라. 엘리사의 치료는 매우 비싼 것이다. 특별히 외국에서 당신의 의료보험이 적용되지 않는다면 더욱 그러할 것이다. 그러나 엘리사는 장군의 제안을 거절한다. 나아만 장군은 대가를 지불할 필요가 없다. 대신 나아만 장군은 구원하시고 치유하시는 하나님에 대해 칭송한다. "내가 이제 이스라엘 외에는 온 천하에 신이 없는 줄을 아나이다"(왕하 5 : 15).

이 내러티브는 치유를 확증하는 엘리사의 능력과 변화시키는 여호와의 능력을 드러내면서 종결된다. (그리고 덤으로 언급되지 않고, 주목받지 못한 사마리아 성의 이름 없는 이스라엘 왕이 등장한다.) 내러티브는 시리아 출신의 저 거만하기 짝이 없는 왕가의 권력자가 이 국외자(엘리사)의 불가해한 능력에 굴복해야 한다는 방식을 묘사하고 있다. 세상 권력의 지형도는 바뀌어진다. 순간적으로 나아만 장군은 그가 직면한 진리를 파악한다. 그는 그러한 진리 인식 속에 아주 오래 머물러 있으려 하지는 않는다. 그는 선지자에게 다음과 같은 사실을 인정한다.

"오직 한 가지 일이 있사오니 여호와께서 당신의 종을 용서하시기를 원하나이다 곧 내 주인께서 림몬의 신당에 들어가 거기서 숭배하며 그가 내 손을 의지하시매 내가 림몬의 신당에서 몸을 굽히오니 내가 림몬의 신당에서 몸을 굽힐 때에 여호와께서 이 일에 대하여 당신의 종을 용서하시기를 원하나이다"(왕하 5 : 18).

나아만은 집으로 돌아가서 틀림없이 자신의 지역 신들을 경배할 것이다. 그러나 엘리사는 상관하지 않는다. 엘리사는 '교회 성장' 속으로 들어서지 않는다. 권력의 세계 가운데에 새로운 생명이 활동하도록 한 것만으로 충분하다. 그는 나아만 장군을 비난하지 않고 그저 다음과 같이 말한다. "평안히 가라"(19절, "Go in shalom"). 그것은 하나님에 의해 주어진 '평화'이고, 이 진리를 담지하고 있는 국외자(엘리사)에 의해 수행된다.

열왕기하 6장 8~23절에 사마리아에 있는 왕이 다시 등장하지만, 그는 또 다시 부적합한 것으로 축소된다. 시리아와의 전쟁 내러티브에서의 우선적인 상호작용은 기밀 유출에 집착하며, 설명하기 어려운 권위로 불안해하는 시리아 왕과 그에 맞서는 엘리사이다. 신뢰 받지 못한 변혁가(엘리사)가 시리아의 왕과 싸우리라고, 아니 그 이상을 하리라고 어느 누가 상상이나 하겠는가! 시리아 왕은 불안해하면서 이 문제를 일으키고 있는 '하나님의 사람'을 체포하고자 한다. 왜냐하면 바로 엘리사가 시리아의 군사 기밀을 유출하는 자이기 때문이다(왕하 6 : 11 – 14). 그러나 그 선지자는 왕에게 선수를 친다. 그는 자신을 돕는 사환에게 시리아 왕의 시야로는 볼 수 없는 군사들과 불 말과 불 병거를 보게 한다. 그리고 나서 그는 왕의 눈이 어둡게 되기를 기도한다(왕하 6 : 18).[9] 그 결과 시리아 왕은 엘리사의 포로

---

9) 역주: 열왕기하 6장 본문에서 엘리사가 눈이 어둡게 되기를 기도하는 대상은 왕이 아니라 아람 군대이다.

가 된다. 엘리사는 다시 공식적인 권력의 대리자를 이기게 된다.

그때서야 뒤늦게 이스라엘 왕이 내러티브 속으로 들어온다(왕하 6 : 21). 이스라엘 왕은 자신이 늘 하던 일, 즉 적을 죽이는 일을 하고자 한다. 그러나 엘리사는 그러한 인습적이고 치명적인 왕가의 행위를 거절한다. 엘리사는 이스라엘 왕이 포로가 된 시리아 왕에게 조금이라도 행사하고 싶어 하는 권위를 거부한다. 자신의 수도에서조차도 왕은 선지자의 적극적인 결의 앞에서 무력하다. 그 선지자가 할 수 있는 모든 것은 그 두 왕이 회피하는 기이한 진리를 전제하는 것이다. "두려워하지 말라 우리와 함께한 자가 저와 함께한 자보다 많으니라"(16절).

엘리사는 (불병거를 가진) 동맹국과 재원들(보이지 않는 말들)에 대해 왕이 찾아내거나 불러낼 수 있는 것보다 더 많이 알고 있었다. 그래서 그의 기이하지만 도전할 수 없는 권위로 엘리사는 왕에게 명한다. "떡과 물을 그들 앞에 두어 먹고 마시게 하고 그들의 주인에게로 돌려보내소서"(왕하 6 : 22). 이에 왕은 연회를 준비한다. 그리고 적군은 먹고 집으로 돌아간다.

> "왕이 위하여 음식을 많이 베풀고 그들이 먹고 마시매 놓아보내니 그들이 그들의 주인에게로 돌아가니라 이로부터 아람 군사의 부대가 다시는 이스라엘 땅에 들어오지 못하니라 이후에 아람 왕 벤하닷이 그의 온 군대를 모아 올라와서 사마리아를 에워싸니"(왕하 6 : 23 – 24).

그 굉장한 잔치를 상상해 보라. 큰 잔치가 적들 앞에서 베풀어졌다. 큰 잔치는 풍성함을 구현하고 있다. 아마도 왕은 그러한 풍성함을 가능하게 할 만한 것을 가지고 있었을 것이다. 그러나 그는 인색한 부족함으로부터 일을 수행한다. 이 능력의 대행자(엘리사)가 새로운 행동으로 부른 것은 바로 이 진리의 대언자가 하나님께로부터 받은 권위 있는 명령이다. 관대하게 환대하는 이 새로운 행동은 폭력의 패턴을 깨뜨렸다. 왕은 그것에 대해 아무것도 알지 못했고 이해하지도 못했다. 그는 이제 가능한 것과 지금 요청되는 것이 자신이 가진 권력의 영역 너머에 있기 때문에 그저 순종할 따름이다. 왕이 가능할 것이라고는 깨닫지 못했던 그 풍성함으로부터 행동하도록 허용하고 용인한 것은 바로 엘리사의 변화를 불러일으키는 진정성인 것이다.

강력한 바람

마지막으로 엘리사의 내러티브에서 다시 그를 사회의 건강성을 회복시키는 사람으로 드러내는 열왕기하 6장 24절~7장 20절의 복잡한 이야기를 언급하고자 한다. 양식의 희소성은 과부가 어떤 음식도 살 수 없을 정도로 높은 가격을 초래했다. 그 땅에 기근이 들었고, 극도로 궁핍했다. 그 곤핍함이 무척 심해서 두 어머니가 자신의 자녀를 먹는 것에 대해서 논쟁할 정도였다. 이 어머니들 가운데 한 명은 너무나도 절망적이어서, 궁핍한 상황에서 어떤 도움의 손길을 베풀어 줄지도 모른다고 기대했던 왕에게 부르짖었다. "나의 주 왕이여 도우소서"(왕하 6 : 26).

왕은 5장 7절에서 나타나는 모습과 별반 다를 바 없는 응답으로 그 여인의 부르짖음을 논박한다. "여호와께서 너를 돕지 아니하시면 내가 무엇으로 너를 도우랴 타작 마당으로 말미암아 하겠느냐 포도주 틀로 말미암아 하겠느냐?"(왕하 6 : 27). 왕에게는 도울 능력이 없다. 그는 식량을 생산할 수 없다. 또한 타작마당에 곡식이 생겨나게 하거나, 포도주 틀에서 포도주가 나오게 할 수 없다. 그에게는 궁핍한 백성들을 먹일 수 있는 어떤 풍부한 식량저장고도 없다. 왕은 기근 앞에서 무력하고, 5장에서처럼 하나님께 호소한다. "하나님만이 나환자를 고치실 수 있다. 하나님만이 기근에 응답하실 수 있다. 그리고 분명히 왕은 하나님이 아니다."

 그러나 왕은 극심한 불안과 무력감 속에서 한층 더 나아간다. 그는 엘리사에게 일종의 불합리한 추론과 같은 왕가의 위협을 가한다. "사밧의 아들 엘리사의 머리가 오늘 그 몸에 붙어 있으면 하나님이 내게 벌 위에 벌을 내리실지로다"(왕하 6 : 31). 동시에 그는 엘리사를 넘어 하나님을 비난하기에 이른다. "이 재앙이 여호와께로부터 나왔으니 어찌 더 여호와를 기다리리요"(왕하 6 : 33). 권력 조직의 지배자인 왕은 완전한 절망감을 맛본다. 그는 부적합하고, 스스로도 부적합하다는 사실을 잘 알고 있다. 또한 그는 하나님과 엘리사의 조합(mix) 그 어딘가에 적극적인 대안이 있다는 사실도 알고 있다. 하지만 그는 자신의 권력에 대한 위험성이 너무 컸기 때문에 그 현실에 참여할 수 없다.

 그것이 이 내러티브에서 왕의 마지막 대사가 담긴 장면이다. 이제부터 중심 무대를 차지하는 사람은 엘리사이다. 방법에 대해서는 전혀 언급하지 않은 채, 엘리사는 '내일'까지 충분한 양식이 마련되어 가격이 내려갈 것이며, 가난한 사람들조차도 양식을 사서 먹을 수 있게 될 것이라고 약속한다(왕하 7 : 1). 그는 기근이 항상 가난한 사람들에게 대가를 요구한다는 사실을 알고 있다. 언제나 그렇듯이 엘리사는 양식이 다시 생길 때 어떤 음식도 얻지 못할 것이라고 장관에게 장담하면서 왕을 지지하는 왕가의 권속들을 비난하고 부정한다(왕하 7:2).

그리고 나서 마치 이야기 속에 이야기를 가지고 있는 것과 같이 기이한 내러티브의 중단이 있다(왕하 7:3-8). 그것은 놀란 시리아인들이 자신들의 군대 야영지를 버리고 도망하는 장면이다. 그들은 두려움으로 인해 도망치면서 엄청난 양식을 뒤에 남겨 둔다. 시리아인들은 바람 소리를 다가오는 적의 위협으로 착각했고, 두려워 도망쳤다. 내러티브는 이것이 어떤 우연적이거나 일상적인 바람이 아니라는 사실을 드러낸다.

"이는 주께서 아람 군대로 병거 소리와 말 소리와 큰 군대의 소리를 듣게 하셨으므로 아람 사람이 서로 말하기를 이스라엘 왕이 우리를 치려 하여 헷 사람의 왕들과 애굽 왕들에게 값을 주고 그들을 우리에게 오게 하였다"(왕하 7:6).

미국 개역개정판(NRSV) 성경은 너무 약하게 묘사하고 있다. 실제 히브리어는 세 겹의 '소리'(qol)를 말하고 있다.

병거들의 '소리'
말들의 '소리'
위대한 군대의 '소리'

실제로 그것은 단지 바람에 불과했다. 그러나 그 바람은 두려움에 떨고 있는 병사들에게 군대의 위협처럼 들렸다. 바람을 보낸 분은 바로 하나님이셨다. 풍부한 양식이 가격을 떨어뜨릴 것이고 사실상 기아를 멈추게 할 것이라는 엘리사의 말을 성취하기 위해 은밀히 행하신 분은 바로 하나님이다.

그 식량은 굶주린 군중에게 새로운 가능성을 가져다주었다. 여호와에 의해 보내진 바람은 왕이 할 수 없었던 일을 성취하였다. 엘리사는 처음부터 다음과 같이 약속했다.

> "내일 이맘때에 사마리아 성문에서 고운 밀가루 한 스아를 한 세겔로 매매하고 보리 두 스아를 한 세겔로 매매하리라"(왕하 7 : 1, 18을 보라).

그리고 나서 다음과 같이 보도한다.

> "이에 고운 밀가루 한 스아에 한 세겔이 되고 보리 두 스아가 한 세겔이 되니 여호와의 말씀과 같이 되었고"(왕하 7 : 16).

엘리사의 예견과 입증 사이에 강력한 바람이 있었다. 군중들이 파도처럼 밀려왔고, 너무 많이 몰려들어서 식량 분배를 감독하던 왕가의 장관을 짓밟을 지경이었다(왕하 7 : 17). 선지자가 예견했던 대로 장관은 참으로 어떤 음식도 얻지 못했다. 그렇게 해서 기근은 끝났고, 군중은 풍요를 경험했으며, 왕가의 조직은 패배했고, 문제가 있다는 사실이 폭로되었다. 무엇보다 중요한 것은 엘리사의 말이 널리 퍼졌다는 사실이다. "오직 나의 하나님께서 구원하실 수 있다."

여호와의 능력과 왕들의 부적합성

이 몇 편의 내러티브들의 총합은 대단히 호소력이 있다. 여기에는 일련의 불가사의한 변화가 있었다.

- 빈곤이 풍요로 바뀐다.
- 죽음이 생명으로 바뀐다.
- 기아가 식량으로 바뀐다.
- 전쟁이 평화로 바뀐다.
- 기근이 군중을 위한 저렴한 식량으로 바뀐다.

내러티브가 증언하는 것처럼 이 모든 것이 불가해한 엘리사의 능력과 권위에 의해 성취된다.

- 절망한 과부를 위해 감람나무 열매의 기름이 흘러넘치게 했다.
- 아들의 생명을 회생시켰다.
- 굶주린 무리를 먹였고 잉여의 식량을 남겼다.
- 시리아 병사들에게 잔치를 베풀었다.
- 타국의 나병 환자를 치료해 주었다.
- 기근을 극복했다.

엘리사는 모든 세력들을 무력하게 만든 죽음에 이르게 하는 악순환을 깨뜨렸다. 하지만 왕은 기껏해야 부적합할 뿐이다.

- 4장의 내러티브에 왕은 등장하지 않는다.
- 5장에서 왕은 자신이 하나님이 아니기 때문에 나병 환자를 고칠 수 없다고 선언한다(왕하 5 : 7).
- 6장에서 왕은 자신의 적인 시리아 병사들을 먹이지 않고 죽이려고 한다.
- 6장에서 왕은 기근에 직면하여 자신의 무력함을 선언한다. 이것들이 이 내러티브들이 전개되는 억양들이다.
- 그 내러티브들은 일련의 놀라운 변화를 제공한다.
- 그 변화들은 "나의 하나님이 구원하신다."라는 뜻의 이름을 지닌 엘리사에 의해 초래된다.
- 엘리사는 그 어떤 강력한 일도 할 수 없는 왕들을 대신해서 일한다.

내러티브들은 축적된 영향력을 지닌 채 이스라엘에서의 참된 공적 삶의 이야기를 전해 준다. 공식적인 권력자들은 '온전한 평화'(shalom)를 불러오는 데 지장이 되지 않을 때에도 부적합한 것으로 드러난다. 오직 새로운 가능성은 여호와의 율법의 진리를 알고 있으며 인습적인 권력을 위해 그 율법의 진리를 타협하지 않는 엘리사에게서 나온다. 진정한 능력은 왕정 밖 그 어딘가에 놓여 있다. 그래서 그 이야기들은 증언한다.

우리는 '왕을 배제한 채' 세상에서 하나님의 능력에 관한 진리를 담지하고 있는 '신뢰받지 못한 예외적인 인물'에 의해 초래된 '설명할 길 없는 변화들'을 형상화하는 내러티브로 구성된 세계를 지니고 있다. 스스로 권력의 형식들을 차지하고 있음에도 불구하고, 왕은 변화를 위한 개입을 요청하는 위기 상황에서 — 심지어 왕 자신이 경각심을 지니는 상황에서도 — 부적합한 것으로 드러난다. 도움은 전혀 기대하지 않던, 설명되지 않은 대리자(엘리사)로부터 온다. 도움은 결코 우리가 기대하는 원천으로부터 오지 않는다.

이렇게 계속 이어지는 내러티브의 전개 방식은 시편 146편의 송영의 내용에 구체성을 부여하고 있다는 생각이 떠오른다. 그 시편은 진정한 도움의 참된 원천을 전혀 도울 수 없는 사람들과 대비시킨다.

> 귀인들을 의지하지 말며
> 도울 힘이 없는 인생도 의지하지 말지니
> 그의 호흡이 끊어지면 흙으로 돌아가서
> 그날에 그의 생각이 소멸하리로다
> 야곱의 하나님을 자기의 도움으로 삼으며
> 여호와 자기 하나님에게 자기의 소망을 두는 자는 복이 있도다(시 146:3-5).

귀인들은 '호흡'(ruah)이 없으며, 그들의 호흡은 소멸된다. 그들은 도울 수도 없고 무력하다. 반대로 여호와는 도움의 원천이고 소망의 기반이시다. 그리고 나서 그 시편은 여호와의 변화시키는 능력에 대한 송영의 구체적인 항목들을 나열한다.

> 여호와는 천지와 바다와 그 중의 만물을 지으시며
> 영원히 진실함을 지키시며
> 억눌린 사람들을 위해 정의로 심판하시며

주린 자들에게 먹을 것을 주시는 이시로다
여호와께서는 갇힌 자들에게 자유를 주시는도다
여호와께서 맹인들의 눈을 여시며
여호와께서 비굴한 자들을 일으키시며
여호와께서 의인들을 사랑하시며
여호와께서 나그네들을 보호하시며
고아와 과부를 붙드시고 악인들의 길은 굽게 하시는도다(시 146 : 6 - 9).

이 시편은 억눌린 사람들, 굶주린 사람들, 죄수들, 비굴한 이들, 과부들, 고아들을 위한 행위들을 여호와께 돌린다. 그러나 우리의 이야기꾼은 여호와의 변화시키는 힘이 세상에서 그러한 변화에 영향을 미치는 인간의 대행자를 통해 수행되어지는 방식을 자세히 묘사한다. 그리고 우리의 내러티브들에 나오는 이들처럼 만일 세상의 권력자들이 '호흡'(ruah)이 결여되어 있음을 안다면, 우리는 엘리사 내러티브의 시작부터 엘리사가 엘리야에게 부어진 동일한 '호흡'(ruah)[10]의 갑절을 지니고 있다는 사실도 알고 있다. 우리의 이야기꾼이 송영의 형식을 가진 시편에서처럼 여호와의 도움, 여호와의 희망, 여호와의 영이 펼쳐져 있는 곳, 말하자면 세상이 새로워지는 곳이 어디인지 증언하고 있다는 사실은 분명하다. 이 진리의 담지자는 세상을 새롭게 하는 사람이다. 엘리사는 "영원히 신실함(faith)을 지키시는" 여호와를 위하여 분명히 그렇게 한다(6절). 미국 개역개정판 성경(NRSV)의 시편 146편 6절에서 '신실'(faith)로 번역된 히브리 단어는 에메트(emeth)

---

10) 우리 한글 개역개정판에는 '호흡'이 '영감'으로 번역되어 있다.

로서 '신실한' 혹은 '의지할 만한'이라는 뜻을 함축하고 있다. 엘리사를 통해서 실현된 여호와의 신실한 신뢰성은 시편에서 기각되고, 엘리사의 내러티브에서 경시된 자들인 왕들의 공허한 권력과 날카롭게 대비된다.

엘리사의 내러티브들을 읽기

이제부터 시작되는 엘리사의 내러티브들을 읽는 법을 보고 놀라게 될 것이다. '비평 학자들'의 해석처럼 전설 이야기로 읽을 것이기 때문이다. 말하자면 엘리사의 사건들을 역사적으로 의존하지 않고 진지하게 다루어질 필요가 없는 민담으로 읽는다는 말이다.[11] 그것들은 기껏해야 어떤 합리적인 방식으로 입증될 수 없는 것을 순진하게 믿었던 소박한 사람들에 의해 가치 있게 여겨졌을 뿐이다. 그러한 경시적인 해석은 그 전설들에 대한 왕가 관점의 기록이 주장하는 바를 신뢰하는 것이다. 하지만 그러한 비평적 판단은 아주 보편적임에도 불구하고, 비평적인 학문성이 처음부터 근대의 이성을 신뢰했다는 사실을 반영할 따름이다. 근대 이성은 실재에 대한 내러티브적인 묘사에 대하여 미심쩍은 눈으로 바라보면서, 대부분의 것을 잘 설명하여 풀거나 혹은 적어도 부정적인 의혹을 가지고 다루어야 할 것으로 본다.

---

11) 이러한 내러티브 자료에 대한 그러한 중요한 평가에 대해서는 Jay A. Wilcoxen의 *Old Testament Form Criticism* (San Antonio, TX : Trinity University Press, 1974), 57–98쪽의 "내러티브"를 참조하라. 윌콕슨은 궁켈(Hermann Gunkel)과 그래스만(Hugo Gressmann)의 연구로부터 비평적인 주장의 형성을 추적한다. 나는 윌콕슨 자신의 토론이 보통의 비평 학자들이 취하는 입장을 예증한다고 주장한다. 칼 바르트(Karl

그러나 만일 우리가 본문의 증언을 더욱 신뢰하고 싶다면, 이 내러티브들을 하나님의 영의 분출을 강조하는 것, 즉 기존의 합리성의 형식들에 대한 존중 없이 거룩한 바람이 뜻하는 것으로 볼 수 있다. 이러한 '신앙주의적인 관점'은 후대의 '오순절의 전통'과 연결시킬 수도 있을 것이다. 그래서 그 내러티브들은 경계를 넘어서고, 권위를 부정하며 하나님의 자유를 증언하는 것으로 보인다. 그러한 묘사는 이 이야기들을 쉽게 예수님의 병행적인 이야기들, 결국에는 사도행전에 나오는 교회의 이야기와 연결시킨다. 사도행전에서 로마제국의 당국자들은 규칙적으로 교회에 해명을 요구하지만, 교회는 '세상을 전복시키는' 사역을 멈추려 하지 않는다(행 17 : 6). 그러한 해석은 구체적인 실제 삶 속에서 하나님의 능력이 참으로 '구원'을 위해 존재한다고 본다(롬 1 : 16).

우리는 그러한 오순절적 관점으로부터 사회적 – 경제적 – 정치적 현실주의를 가지고 이 내러티브들에 접근할 수 있다. 다시 말하자면 이것들은 '대항 – 역사'(counter – history), 즉 권위를 주장하는 기존 권력의 정당성 혹은 전체주의적인 상징이나 우상에 사로잡히지 않은 사람들 사이에서 이루어지는 역사적인 현실에 대한 대안적인 해석이라는 사실을 인식하는 것이다. 기존 권력의 전체주의적인 주장 바깥에 있는 사람들은 단지 그러한 주장에 의심을 표현하거나 저항만 하지 않는다. 그들은 또한 자신들의 육체가 육체의 정치로부터 효과적으로 배제된 사람들의 육체적 변화에 관심

Barth)는 *Church Dogmatics* Ⅳ/1 (Edinburgh : T.& T. Clark, 1958), 80-82쪽 ; 그리고 *Church Dogmatics* Ⅲ/2 (Edingburgh : T. & T. Clark, 1960), 441-449쪽에서 물론 그러한 근대 합리성에 굴복하지 않았고, 기꺼이 성경적 증언의 담지체로서의 영웅 이야기(saga)와 전설에 대한 매우 다른 견해를 제시했다.

을 갖는다. 그런 변화 요소들의 혁명적인 용기를 불러일으켜 권위를 부여하는 변화의 활력에 경각심을 가지고 주목할 수도 있다. 내러티브들은 이러한 해석에서 하나님의 신뢰할 만한 신실성이 인간 대리자를 통해 세상 속에서 분출된 것으로 증언한다. 따라서 이 이야기들을 듣고 소중히 여기며, 재진술하고 재해석하는 현상유지적인 통제의 범주들에 대해 우리는 너무 오래 우물쭈물해서는 안 된다. 만일 거기서 오랫동안 우물쭈물 거리면서 권력의 통제 범주들을 신뢰한다면, 우리는 경직된 채 새로운 가능성을 동력화해내지 못할 것이다. 나아가 이러한 내러티브들의 주장에 대해 냉소적인 태도를 취하면서 저항하게 될 것이다.

권력을 경시하면서 수행하는 이러한 진리에 대한 해석은 우리로 하여금 신약성경 속으로 손쉽게 도달하게 한다. 특히 성령의 위대한 내러티브는 누가복음 속으로 가장 손쉽게 도달할 수 있다. 예수님은 나사렛에서 자신의 공생애 사역을 시작한다(눅 4:14-30). 내러티브의 보도는 성령을 언급하면서 시작한다.

> "예수께서 성령의 능력으로 갈릴리에 돌아가시니 그 소문이 사방에 퍼졌고 친히 그 여러 회당에서 가르치시매 뭇 사람에게 칭송을 받으시더라"(눅 4:14-15).

그리고 예수님은 나사렛 회당에서 성령을 언급하고 있는 이사야 61장을 읽는다.

주의 성령이 내게 임하셨으니

이는 가난한 자에게 복음을 전하게 하시려고

내게 기름을 부으시고 나를 보내사

포로 된 자에게 자유를,

눈 먼 자에게 다시 보게 함을 전파하며

눌린 자를 자유롭게 하고

주의 은혜의 해를 전파하게 하려 하심이라(눅 4 : 18 – 19).

그리고 회당에 있는 사람들과 논쟁을 하지 않으면 안 되는 상황에서 예수님은 먼저 열왕기상에서 엘리야가 어떻게 기근을 끝내고 이방의 과부를 돌보았는지를 언급한다.

"내가 진실로 너희에게 이르노니 선지자가 고향에서는 환영을 받는 자가 없느니라 내가 참으로 너희에게 이르노니 엘리야 시대에 하늘이 삼 년 육 개월간 닫히어 온 땅에 큰 흉년이 들었을 때에 이스라엘에 많은 과부가 있었으되 엘리야가 그 중 한 사람에게도 보내심을 받지 않고 오직 시돈 땅에 있는 사렙다의 한 과부에게 뿐이었으며"(눅 4 : 24 – 26).

그런 다음 27절에서 예수님은 우리가 언급했던 엘리사를 향한 논쟁들과 열왕기하 5장의 내러티브를 말씀하신다.

"또 선지자 엘리사 때에 이스라엘에 많은 나병환자가 있었으되 그 중의 한 사람도 깨끗함을 얻지 못하고 오직 수리아 사람 나아만뿐이었느니라"(눅 4 : 27).

엘리야와 엘리사에 관한 언급은 예수님 자신의 목적을 기존 권력의 영역 밖에 속한 것과 동일한 것임을 표현한다. 다시 말해서 예수님의 선언은 그러한 기존 권력을 옹호하면서 이득을 취하는 사람들이 깊은 적대감을 불러일으킬 만했던 것이다.

"회당에 있는 자들이 이것을 듣고 다 크게 화가 나서 일어나 동네 밖으로 쫓아내어 그 동네가 건설된 산 낭떠러지까지 끌고 가서 밀쳐 떨어뜨리고자 하되"(눅 4 : 28-29).

이 논쟁에서 예수님이 기성 권력으로부터 신뢰받지 못하는 진리를 전달하는 것이 자신의 소명임을 조명하는 하나의 방식으로써, 동일하게 신뢰받지 못한 진리의 담지자들의 이야기를 끌어오는 것은 결코 우연이 아니다.

전복적인 실재에 대한 이러한 증언은 누가복음의 마리아의 노래에서부터 세례 요한에 대한 그의 대답을 가로질러, 마침내 대제사장 앞에서의 베드로의 증언에 이르기까지 확장된다.

그의 팔로 힘을 보이사
마음의 생각이 교만한 자들을 흩으셨고
권세 있는 자를 그 위에서 내리치셨으며
비천한 자를 높이셨고
주리는 자를 좋은 것으로 배불리셨으며
부자는 빈손으로 보내셨도다(눅 1 : 51-53).

"예수께서 대답하여 이르시되 너희가 가서 보고 들은 것을 요한에게 알리되 맹인이 보며 못 걷는 사람이 걸으며 나병환자가 깨끗함을 받으며 귀먹은 사람이 들으며 죽은 자가 살아나며 가난한 자에게 복음이 전파된다 하라 누구든지 나로 말미암아 실족하지 아니하는 자는 복이 있도다 하시니라"(눅 7 : 22 – 23).

"사람보다 하나님께 순종하는 것이 마땅하니라"(행 5 : 29).

그것은 모두 한 단편들이다. 성령의 용솟음은 자신을 보호하는 기성 권력이 부정할 수 없는 사회적인 격랑과 또 그러한 권력이 중단시킬 수 없는 사회적인 가능성을 발생시킨다. 그러므로 이것이 바로 권력과 진리의 긴장된 접점이 형성되는 경우이다.

구약성경과 신약성경을 비교하기

우리는 이제 지금까지 추적한 신약성경으로 이어지는 흐름에 대해 반추할 수 있을 것이다.

- 모세가 바로와 대면한 것에 관하여는 마가복음 6장 52절을 인용했다. "이는 그들이 그 떡 떼시던 일을 깨닫지 못하고 도리어 그 마음이 둔하여졌음이러라"

- 솔로몬의 절대 전제주의와 관련해서는 누가복음 12장 27절을 인용했다. "솔로몬의 모든 영광으로도 입은 것이 이 꽃 하나만큼 훌륭하지 못하였느니라"

- 그리고 이제 엘리사에 관한 언급과 함께 누가복음 4장 27절을 인용했다. "또 선지자 엘리사 때에 이스라엘에 많은 나병환자가 있었으되 그 중의 한 사람도 깨끗함을 얻지 못하고 오직 수리아 사람 나아만뿐이었느니라"

이러한 서너 가지의 사건들을 통해 예수님은 "길이요, 진리요, 생명"으로 나타난다. 모세가 바로를 대면했을 때와 솔로몬의 적들이 아이러니한 상황에 처했던 것과 이스라엘 왕가의 적대자들을 압도하는 엘리사의 놀라운 자유와 마찬가지로, 예수님은 기성 권력과 대립하는 것으로 묘사된다.

이제 교회는 권력을 거부하는 신실한 활동들이 우리 가운데 이루어지기 시작했다. 다음과 같은 이야기들을 듣는 것이 보다 일상적인 상황이 되고 있다.

- 여기에 사용되지 않은 의료품들을 어떤 의료 보험의 혜택도 받지 못하는 가난한 사람들을 위해 사용하는 소아과 의사가 있다.

- 여기에 어느 날 밤거리에서 절망하고 있는 창녀들과 이야기를 나누기 위해 멈춰선 대학 교목이 있다. 그녀는 치명적인 권력과 무력함의 드라마를 깨뜨리며 존엄성과 보호를 위한 프로그램을 개시했고, 이는 다

르 도시로 퍼져 나가고 있다.

- 여기에 정말 너무 오랫동안 소외되어 왔던 이들에게 문을 열게 된 한 전통적인 교단이 있다.

- 여기에 성인이 되어 학대가 만연한 불평등의 사회에서 평등을 옹호하는 비판적인 학자가 되기 위해 충분한 봉사활동을 하러 가는 고등학생 아이가 있다.

엘리사의 이야기는 참으로 전혀 기대하지 않았던 곳에서 발견되고 행하여진 생명의 원천들에 대한 '새로운 소식'이다. 엘리사에 의해 행해진 그 새로운 소식은 예수님에 의해 다시 행해진다. 결과적으로 그것은 많은 다른 현장에서, 때로는 예수님의 제자들에 의해서, 때로는 예수님의 신실한 제자들 곁에 서 있는 다른 누군가에 의해서 수행된다. 그러한 모든 새로운 소식의 실천에 있어서 공고화된 권력이 수행할 수도 없고 방해할 수도 없는 것은 바로 실제적인 변화로서 실행된 복음의 진리이다.

엘리사의 이야기 : 진리 논쟁자로서 읽기

나는 결코 예배일과표(lectionary)로 삼을 수 없는 두 편의 엘리사에 관한 본문을 살펴보면서 이 단원을 마무리하려고 한다. 이 두 편의 본문은 전체 엘리사 자료에 큰 틀을 제공한다. 내러티브의 맨 처음부터 엘리사는 이미 커다란 적대감을 불러일으켰음에 틀림없다. 그것을 어떻게 알 수 있는가? 그가 인습적인 기성 권력의 비진리를 폭로하는 방식으로 진실성을 실천했기 때문이다. 실제로 엘리사가 적대감을 불러일으켰다는 것은 사실이다. 우리는 어떤 어린 소년들이 그를 조롱하기 위해 거리로 나왔다는 것을 듣게 된다. 그 아이들은 아마도 부모님께 들었던 적대감을 재현하고 있었을 것이다. 그들은 선지자에게 이렇게 소리쳤다. "대머리여 올라가라! 대머리여 올라가라!"(왕하 2 : 23). 아이들은 그를 놀렸고 신뢰하지 않았다. 그러나 엘리사는 만만한 상대가 아니었다. 엘리사는 그들을 저주했다고 보고된다. 그리고 그가 그렇게 했을 때, 수풀에서 암곰 두 마리가 나와서 마흔 두 명의 소년들을 물어 찢었다. 그것이 바로 그 이야기가 말하고 있는 본문말씀의 전부이다. 어느 누구도 그 암곰들이 어디에서 나왔는지, 혹은 누가 보냈는지 깊게 생각하지 않는다. 하나님은 이 단순한 이야기에서 언급되지 않는다. 이 곰들은 엘리사가 소년들을 저주했기 때문에 나왔다. 하지만 엘리사 편에서 볼 때 자신도 어찌할 수 없는 불가피한 능력을 가지고 있다는 점은 분명하다. 그리고 그 능력은 언제나 그와 함께 있었던 것으로 보인다. 이러한 주장은 엘리사가 보호받고 있다는 것을 뜻하며, 이는 그의 변혁적인 소명에 있어서 그를 따르는 모든 사람들이 안전하게 보호를 받을 것임을 암시한다.

"무력한 권력에 직면하여 두려워 말라. 하나님이 너희 머리털까지 다 세셨다"(마 10 : 29-31). 아마도 이 구절은 "용기를 내라!"(Take heart!)는 의미일 것이다. 더 나아가 하나님은 그 대머리 선지자 편에, 그리고 그와 함께 걷는 많은 다른 사람들 편에 서 계신다. 그 어떤 것도 승리를 향해 행진하는 하나님의 변혁적인 진리의 발걸음을 멈출 수 없다. 엘리사는 아마도 나중에 이와 같이 노래할 사람들의 선구자일 것이다. "우리는 하나님의 빛 안에서 걸어간다."[12]

엘리사 내러티브의 처음에 자리한 본문과 마찬가지로 끝에 자리한 사건도 우리에게 호기심을 불러일으킨다(왕하 13 : 20 - 21). 엘리사가 죽고 묻힌 후에, "사람을 장사하는 자들"이 모압 도적 떼를 만나 급하게 엘리사의 묘실에 그들이 들고 있던 시신을 숨기려고 했고, 그것을 엘리사의 시신 위에 놓았다. 바로 그때 다음과 같은 말씀이 기록되어 있다. "시체가 엘리사의 뼈에 닿자 곧 회생하여 일어섰더라"(왕하 13 : 21).

엘리사는 죽었지만 살아 있을 때처럼 방사능과 같은 능력을 지닌 것으로 드러난다. 그의 몸은 심지어 죽어서도 생명을 준다. 그러므로 그의 실존은 세상이 가능성에 대해 열려 있을 것이라는 확신을 준다. 그와 접촉하는 것은 생명이다. 드라마는 2장에 있는 '두 마리의 암곰 이야기'로부터 13장에 나오는 방사능과 같은 능력을 지닌 '시신 이야기'로 나아간다. 그리고 두 내러티브 사이에 도저히 설명할 수 없는 놀라움이 흘러넘친다. 기성 권력은 전문적인 지식으로 설명된다. 하지만 복음의 진리는 설명을 기다리지 않는다. 그것은 새로운 삶을 향해 돌진하는 것이기 때문이다.

---

[12] 이 절은 현재 남아프리카에서 널리 사용되는 해방의 노래에서 가져온 것이다. *The New Century Hymnal* (Cleveland : Pilgrim Press, 1995), 526장을 보라.

TRUTH SPEAKS TO POWER

JOSIAH

CHAPTER 04

진리가 권력을 변혁하다

요시야

요시야

지배적인 가설에 따르면 열왕기상·하는 신명기 역사의 일부분이다. 이 두 책은 몰락을 향해 나아가는 이스라엘과 유다의 긴 왕정의 역사를 추적한다. 그 정점이 되는 주전 587년에 일어난 예루살렘의 멸망이 전체 내러티브의 목표이다. 열왕기 사가는 예루살렘의 멸망 사건을 향해 계속해서 소송을 제기한다. 그 소송의 내용은 이렇다. 즉, 예루살렘 왕정은 여호와의 토라에 대한 오랜 불순종의 역사를 보였고, 언약 강화를 위한 재가로서, 혹은 장기간의 언약 위반에 대한 피할 수 없는 결과로서 기능하는 혹독한 저주를 자신 위에 가져오는 결과를 야기했다. 소송은 공적 권력을 수행하는 데 있어서 여호와를 신뢰하지 않거나 또는 불순종한 왕들의 목록으로 이루어져 있다.

해석적인 보도에 따르면 불순종의 왕들 가운데 가장 악명 높은 왕은 므낫세였다. 그는 주전 697년부터 642년까지 예루살렘에서 오랫동안 통치했다(참조. 왕하 21장). 그의 통치에 대한 고발은 극히 이례적으로 길고 부정적이다.

"므낫세가 여호와 보시기에 악을 행하여 여호와께서 이스라엘 자손 앞에서 쫓아내신 이방 사람의 가증한 일을 따라서 그의 아버지 히스기야가 헐어 버린 산당들을 다시 세우며 이스라엘의 왕 아합의 행위를 따라 바알을 위하여 제단을 쌓으며 아세라 목상을 만들며 하늘의 일월 성신을 경배하여 섬기며 여호와께서 전에 이르시기를 내가 내 이름을 예루살렘에 두리라 하신 여호와의 성전의 제단들을 쌓고 또 여호와의 성전 두 마당에 하늘의 일월 성신을 위하여 제단들을 쌓고 또 자기의 아들을 불 가운데로 지나게 하며 점치며 사술을 행하며 신접한 자와 박수를 신임하여 여호와께서 보시기에 악을 많이 행하여 그 진노를 일으켰으며 또 자기가 만든 아로새긴 아세라 목상을 성전에 세웠더라 옛적에 여호와께서 이 성전에 대하여 다윗과 그의 아들 솔로몬에게 이르시기를 내가 이스라엘의 모든 지파 중에서 택한 이 성전과 예루살렘에 내 이름을 영원히 둘지라 만일 이스라엘이 나의 모든 명령과 나의 종 모세가 명령한 모든 율법을 지켜 행하면 내가 그들의 발로 다시는 그의 조상들에게 준 땅에서 떠나 유리하지 아니하게 하리라 하셨으나 이 백성이 듣지 아니하였고 므낫세의 꾐을 받고 악을 행한 것이 여호와께서 이스라엘 자손 앞에서 멸하신 여러 민족보다 더 심하였더라"(왕하 21 : 2 - 9).

그러한 왕정 수행의 결과는 재앙을 피할 수 없었다.

"그러므로 이스라엘의 하나님 여호와가 말하노니 내가 이제 예루살렘과 유다에 재앙을 내리리니 듣는 자마다 두 귀가 울리리라 내가 사마리아를 잰 줄과 아합의 집을 다림 보던 추를 예루살렘에 베풀고 또 사람이 그릇을 씻어 엎음 같이 예루살렘을 씻어 버릴지라 내가 나의 기업에서 남은 자들을 버려 그들의 원수의 손에 넘긴즉 그들이 모든 원수에게 노략거리와 겁탈거리가 되리니"(왕하 21 : 12-14).

예루살렘의 불행한 운명에 대한 므낫세의 결정적 불순종은 아래의 평가에서 강조되고 있다.

"그러나 여호와께서 유다를 향하여 내리신 그 크게 타오르는 진노를 돌이키지 아니하셨으니 이는 므낫세가 여호와를 격노하게 한 그 모든 격노 때문이라"(왕하 23 : 26).

므낫세는 예루살렘에 대한 일차적인 이야기 흐름에서 아주 두드러지게 묘사되어 있고, 열왕기 사가들의 목적을 드러내는 데에 매우 크게 기여하고 있다. 그는 진리가 결여된 권력이 어떠한 치명적인 문제를 야기하는지를 연구하는 데 하나의 사례가 된다.

선한 왕 요시야

그러나 본서에서 다루려는 주제는 므낫세 왕이 아니라, 그의 손자인 요시야 왕이다. 그는 주전 639년부터 609년 사이에 예루살렘에서 통치했다. 그는 31년을 통치했고 정치적이고, 군사적인 모함으로 피살되었을 때의 나이가 서른아홉 살이었다. 앞으로 살펴보겠지만, 그는 이스라엘 역사에 대한 신명기 사가들의 묘사에서 선한 왕으로 매우 위대하게 그려지고 있다. 실제로 1963년 존 케네디 대통령이 암살되었을 때, 많은 수의 미국 국민들은 젊고 선한 왕의 이미지를 생각하면서 케네디 대통령을 요시야 왕에 견줄 수 있다고 생각했다. 물론 그것은 본 연구의 범위를 넘어서는 일이다. 그러나 오늘날 유사한 사례를 찾는다면 므낫세 왕의 장기적인 파괴적 생애를 볼 때 현재 일반적으로 평가를 받는 리처드 닉슨 대통령을 생각하는 것은 가능하다.

요시야 왕은 열왕기하에서 온전히 두 장(왕하 22-23장)에 기록되어 있는데, 이는 그의 할아버지인 므낫세보다 훨씬 더 많은 분량이다. 그에게 내려진 심판의 선고는 할아버지인 므낫세와 완전한 대조를 이룬다.

"요시야와 같이 마음을 다하며 뜻을 다하며 힘을 다하여 모세의 모든 율법을 따라 여호와께로 돌이킨 왕은 요시야 전에도 없었고 후에도 그와 같은 자가 없었더라"(왕하 23 : 25).

앞으로 요시야 왕이 어떻게 열왕기 사가들로부터 그러한 적극적인 평가를 받게 되었고, 그 결과 그가 이스라엘의 보다 큰 역사에서 수행한 역할은 무엇인지 고찰할 것이다. 처음부터 요시야 왕의 생애와 통치에 대한 역사비평적 문제들이 예민하다는 사실에 주목해야 한다. 요시야 왕의 어느 정도의 행적은 열왕기 사가들이 구성한 것이 확실하다. 그는 열왕기 사가들이 가장 가치 있게 생각한 이상적인 구현, 즉 토라에 주의 깊게 순종한 왕이다.[1] 하지만 요시야 왕과 관련된 비평적인 문제들은 이 책에서 다룬 다른 인물들과 비교해 볼 때 더 크지 않다. 모든 경우에 있어서 주인공에 대한 어느 정도의 설명은 구성적인 상상의 문제이기는 하지만, 우리는 그것이 얼마만큼인지는 알지 못한다. 이 문제를 언급하는 이유는 요시야 왕에 대한 역대기 사가들의 설명에서 우리는 그 기사들을 사실적인 보고이기보다는 표면적인 가치에서 받아들이기 쉽기 때문이다. 필자는 이러한 비평적 문제에 대해서 쉽게 생각하지는 않지만, 요시야 왕이 역사적인 인물로 간주되든지 아니면 이상적인 인물로 간주되든지 간에, 앞으로 요시야 왕에 대한 내러티브를 '모범적인 인물'로 설명하는 본문으로 받아들일 것이다.

역사적인 인물이든지 아니면 이상적으로 구성된 인물이든지 요시야 왕은 권력과 진리에 대한 일반적인 숙고에 커다란 도움을 줄 것이다. 그는 왕으로서 실질적인 권력을 행사하지만, 이는 이스라엘의 가장 심오한 토라 전승에 주어진 진리에 응답한 것임이 분명하다. 그는 전승에서 권력이 진리를 섬길 수 있다는 점을 증언하기 위해 자신의 역할을 수행한다. 설령 진리가 특수한 권력의 행사를 지도하고, 그것에 에너지를 불어넣으며, 권위를 부여할 때조차도 그러하다. 그러므로 내가 요시야 왕의 이야기에서 권력으로서 또 진리로서 받아들인 것은 열왕기 사가들이 보통 왕들의 통

---

1) 넬슨은 여호수아서에서 여호수아가 그 책의 말미에서 요시야 왕의 대위법(counterpoint)으로 설명되는 방식을 보여준다. 두 인물 모두 토라의 모델 주창자요 실천가이다. 특별히 540쪽에서 넬슨은 여호수아를 "살짝 위장된 요시야적인 인물"이라고 부른다. Richard Nelson, "Josiah in the Book of Joshua," *Journal of Biblical Literature* 100 (1981)을 참조하라.

치에 대해 증언하는 부정적인 이야기에 잘 들어맞지 않는 그의 오랜 통치에 있다. 열왕기 사가들은 요시야 왕을 통해 "예루살렘의 왕들이 토라와 모순되는 통치를 불가피하게 행하지 않아도 되었다."라는 확신을 증언하고 있다. 요시야 왕은 토라의 실천을 체현하고 보여 준다. 그의 토라의 실천은 무조건적인 시온 신학에 의존하지 않았고, 오히려 열왕기 사가들이 잘 나타낸 것처럼 옛 언약 전승을 고수했다. 열왕기 사가들은 옛 언약 전승이 예루살렘을 안전하게 지켜 줄 것으로 판단했다.

성전 안의 두루마리 성경

요시야 왕의 내러티브의 중심에 22장의 성전 수리에 관한 보도가 있다. 요시야 왕은 성전 수리를 위한 재원을 마련했다. 성전 수리는 경건한 왕의 확실한 공적 행동이다. 하지만 성전에 대한 긍정적인 언급으로 보이는 것이 짧은 배열에서는 완전히 정반대에 해당하는 어떤 것이 되어 버린다. 성전을 샅샅이 뒤지는 동안 — 우리는 므낫세 시대에 성전이 소홀히 취급되었고 부주의하게 경시되었다는 점을 추론해 볼 수 있다 — 오래된 두루마리 율법책이 발견된다. 그것은 마치 제단 뒤에 감추어진 오래된 경전, 또는 기도서, 천사의 날개들을 발견하는 것과 유사하다. 오래된 두루마리 율법책은 가치 없는 것으로 여겨졌지만, 그 누구에게도 버릴 수 있는 권위는 없었다. 이제 내러티브는 두루마리 율법책에만 관심을 가지게 되고, 더 이상 성전 그 자체에 대해서는 관심을 두지 않는다.

대제사장 힐기야가 두루마리 율법책을 발견한다. 힐기야가 정확히 누구인지 그 신원은 알려져 있지 않다. 하지만 적어도 그가 예레미야 1장 1절에 나오는 예레미야의 아버지와 동일한 이름을 가졌다는 점에 주목할 수 있다. 예레미야는 당시 요시야 왕의 가까운 조력자였다. 이를 통해 우리는 대제사장의 이름에 대해 자유롭게 사변할 수 있다(왕하 22 : 8). 대제사장 힐기야가 율법책을 서기관 사반에게 건네준다. 사반은 요시야 왕의 신복으로서 왕을 섬긴 주요 정치 지도자였다(왕하 22 : 8).

사반은 두루마리 율법책을 읽고 그것을 왕에게 신속하게 올린다(왕하 22 : 8, 10). 두루마리 율법책에 대한 사반의 응답이 어떠했는지는 알 수 없다. 단지 그가 율법책을 매우 진지하게 다루었다는 사실만은 분명하다. 그의 진지한 자세는 두루마리 율법책에 대한 요시야 왕의 관심을 이끌어 냈다. 사반은 왕 앞에서 두루마리 율법책을 읽었다. 그리고 사반이 두루마리 율법책을 읽을 때 왕은 커다란 경각심을 가지고 응답한다.

> "왕이 율법책의 말을 듣자 곧 그의 옷을 찢으니라 왕이 제사장 힐기야와 사반의 아들 아히감과 미가야의 아들 악볼과 서기관 사반과 왕의 시종 아사야에게 명령하여 이르되 너희는 가서 나와 백성과 온 유다를 위하여 이 발견한 책의 말씀에 대하여 여호와께 물으라 우리 조상들이 이 책의 말씀을 듣지 아니하며 이 책에 우리를 위하여 기록된 모든 것을 행하지 아니하였으므로 여호와께서 우리에게 내리신 진노가 크도다"(왕하 22 : 11 – 13).

우리는 성경의 보도에서 "왕이 자신의 옷을 찢었다."라는 사실을 주목해야 한다. 말하자면 요시야 왕은 가시적이고, 공적인 회개로 응답했다.

그는 분명히 두루마리 율법책의 말씀들에 의해 깊이 당황했고 크게 놀랐다. 무엇보다도 주목해야 할 점은 요시야 왕이 어떤 왕권의 조치나 제한을 두지 않고 두루마리 율법책을 가장 진지하게 받아들였다는 사실이다. 그는 왕으로서 자신이 직접 두루마리 율법책의 말씀을 들었다. 그리고 우리는 앞서 언급한 성전이 내러티브에서 사라졌다는 것을 기억해야 한다. 성전에 대한 내용은 없고 온통 두루마리 율법책에 대한 내용뿐이다.

요시야 왕은 여선지자인 훌다와 의논한다. 그녀는 두 부분으로 이루어진 예언을 전한다. 예언의 첫 번째 부분에서 훌다는 고발과 정죄가 포함된 표준적인 심판의 예언을 전한다.

> "여호와의 말씀이 내가 이곳과 그 주민에게 재앙을 내리되 곧 유다 왕이 읽은 책의 모든 말대로 하리니 이는 이 백성이 나를 버리고 다른 신에게 분향하며 그들의 손의 모든 행위로 나를 격노하게 하였음이라 그러므로 내가 이곳을 향하여 내린 진노가 꺼지지 아니하리라 하라 하셨느니라" (왕하 22 : 16 – 17).

위 말씀에서 '이곳'은 바로 성전이 있는 예루살렘인데, 바로 그곳이 임박한 재앙을 맞이했다는 것이다. 훌다가 자신이 받은 예언을 다음과 같이 전하는 것은 주목할 만하다. "너희는 너희를 내게 보낸 사람에게 말하기를"(왕하 22 : 15). 그녀는 '그 사람'이 바로 요시야 왕이라고 칭하지 않는다. 이는 예언의 가르침과 두루마리 율법책 앞에서 왕도 다른 모든 사람들과 마찬가지로 순종하도록 부름을 받은 자일 뿐이라는 뜻이다. 그의 왕직은 그로 하여금 무엇이 중요한지를 깨닫게 한다. 요시야는 심판 아래에 놓인 예루살렘 또는 성전을 구할 수 없다.

훌다의 예언의 두 번째 부분은 요시야 왕에게 개인적으로 전해진다.

"너희를 보내 여호와께 묻게 한 유다 왕에게는 너희가 이렇게 말하라 이스라엘의 하나님 여호와가 이같이 말씀하셨느니라 네가 들은 말들에 대하여는 내가 이곳과 그 주민에게 대하여 빈 터가 되고 저주가 되리라 한 말을 네가 듣고 마음이 부드러워져서 여호와 앞 곧 내 앞에서 겸비하여 옷을 찢고 통곡하였으므로 나도 네 말을 들었노라 여호와가 말하였느니라 그러므로 보라 내가 너로 너의 조상들에게 돌아가서 평안히 묘실로 들어가게 하리니 내가 이곳에 내리는 모든 재앙을 네 눈이 보지 못하리라 하셨느니라 하니 사자들이 왕에게 보고하니라"(왕하 22 : 18 – 20).[2]

이 예언은 앞선 심판의 예언과 동일한 '때문에'와 '그러므로'의 구조를 지니고 있다. 단지 이 예언은 긍정적인 내용이라는 차이만 있을 뿐이다.

요시야 왕이 참회하고 겸비했기 '때문에'
'그러므로' 그는 평화롭게 죽을 것이다.

그러므로 경건하고 책임 있는 왕 요시야의 미래는 예루살렘 도성의 미

---

[2] 전승에 어색함이 있다. "요시야 왕이 평화롭게 죽을 것"이라는 약속은 "그가 살해되었다."는 보도와 모순된다. Stanley Brice Frost, "The Death of Josiah : A Conspiracy of Silence," *Journal of Biblical Literature* 87 (1968) : 369 – 382쪽을 참조하라.

래와 대조된다.

요시야 왕은 두루마리 율법책과 훌다의 예언에 대한 열정적인 응답으로, 자신의 통치를 통해 두루마리 율법의 정신을 구현하려는 위대한 공적 개혁에 착수한다(왕하 23장). 요시야 왕은 두루마리 율법책의 명령에 대한 순종과 또 율법책에 선포된 무시무시한 처벌에 대한 두려움으로 인해 유다의 공적인 질서를 재구축했다. 열왕기하에 기억되고 보도되는 그의 조치는 그때까지 예루살렘 성전에서 지속되어 온 관행적인 타협적 종교 행위들로부터 철저하게 결별하는 것이었다. 요시야 왕은 '언약'과 '토라'의 철저한 신앙과 솔로몬 시대 이후 유행했던 왕권을 옹호하는 '예루살렘 신학'의 현실 순응주의적 실천 사이에서 주의를 기울였다.

신명기적 초점

모든 것이 두루마리 율법책에 달려 있다는 사실은 분명하다. 열왕기 상·하의 사가들이 신명기적인 성격 — 즉, 신명기서와 그 가르침에 의해 형성된 것 — 을 지닌 것으로 간주되기 때문에, 개혁을 야기한 두루마리 율법책이 모든 해석자들에 의해 신명기서의 일부로 받아들여진다는 사실은 놀랍지 않다. 그래서 주전 621년에 일어난 요시야 왕의 조치가 보통 신명기적 개혁이라고 불려진다. 요시야 왕의 대담하고 엄격한 조치는 "권력과 진리"라는 이 책의 주제와 잘 맞아떨어진다. 왕권을 체화하고 있는 왕은 두루마리 율법책을 진리로 받아들이고, 자신의 권력을 율법의 진리에 따라 재정비하도록 결단한다. 따라서 신명기 두루마리에 주의를 기울이지 않고서는 요시야 왕과 그의 개혁의 중요성을 이해할 수 없다. 그의 개혁 조치는 권력이 진리에 응답할 수 있다는 것을 보여 주는 놀라운 사례이다. 요시야 왕이 실제로 진리에 의해 권력을 재형성했다는 보도가 역사적으로 신뢰할 만하다거나, 설사 그것이 실패했다고 하더라도, 열왕기하의 사가들이 그러한 권력의 재형성이 강력한 백성들이 할 수 있는 참되고 생생하며, 실제로 가능한 선택이었다는 점을 긍정적으로 보았다는 사실에 놀라지 않을 수 없다.

만일 사회적 책임과 공공 정책을 성경적으로 생각할 수 있다면, 우리는 성경에서 자료이자 전승인 신명기서에 바르게 집중하고 있는 것이다. 신명기서의 자료와 전승은 시내산 언약을 공적인 실천의 영역 속으로 가장 강력하게 전치시킨다. 실제로 신명기가 그 자체의 맥락에서 오늘날의 해방신학이 공적인 경제정의의 지속적인 실천에 관심을 가져야 한다는 주장에 따른 헌장이라는 말은 과장된 확대 해석이 아니다. 우리는 그러한 전망에서 요시야 왕이 행했던 종교적 상징들의 개혁을 얄팍한 '종교적' 조치로 잘못 해석해서는 안 된다(왕하 23 : 4-22). 이러한 종교적 상징들은 모든 종교적 상징들과 마찬가지로 정치-경제 권력의 질서와 정당성을 예시한다. 그러므로 우리는 요시야 왕의 개혁 조치를 종교적 상징뿐만 아니라, 더불어서 신명기의 두루마리 율법이 명령하는 '이웃에 대한 정의'를 위반한 정치-경제 권력의 질서를 정화하기 위한 왕적 결정으로 해석할 수 있다.

네 이웃을 사랑하기

그 이유 때문에 우리는 잠시 멈추어 서서, 이웃 사랑을 경제정책과 실천으로 권면하는 신명기의 이웃에 대한 전제들을 고찰해야 한다.

신명기는 이스라엘 공동체에 속한 네 부류의 약자들, 과부, 고아, 나그네, 그리고 가난한 자를 추천한다.[3] 이들은 가부장적 사회에서 관습적인 보호를 받지 못하는 사람들이다. 신명기는 몸의 정치(the body politic)가 어떤 다른 보호와 유지를 보장받지 못하는 약자들을 보호하고 지탱해야 한다고 주장한다. 그런데 너무나도 자주 넷째 부류인 가난한 자에 대해서 언급하지 않고 첫 세 부류의 사람들 과부, 고아, 나그네만을 강조한다. 하지만 어느 경우든지 모든 이익을 박탈당하고 주변부로 몰린 사람들이 시야에 들어와야 한다.

첫째, 두루마리 율법책은 차용에 요구되는 담보를 제한함으로써 약자를 보호한다.

> "네 이웃에게 무엇을 꾸어줄 때에 너는 그의 집에 들어가서 전당물을 취하지말고 너는 밖에 서 있고 네게 꾸는 자가 전당물을 밖으로 가지고 나와서 네게 줄 것이며 그가 가난한 자이면 너는 그의 전당물을 가지고 자지 말고 해질 때에 그 전당물을 반드시 그에게 돌려줄 것이라 그리하면

---

3) 나는 "네 부류의 연약한 자들"이라는 구절을 니콜라스 월터스토프(Nicholas Wolterstorff)의 책 *Justice : Rights and Wrongs*(Princeton, NJ : Princeton University Press, 2008), 75-82쪽에서 취한다.

그가 그 옷을 입고 자며 너를 위하여 축복하리니 그 일이 네 하나님 여호와 앞에서 네 공의로움이 되리라"(신 24 : 10 – 13).

둘째, 두루마리 율법책은 일용직 노동자는 하루의 노동에 대한 임금을 반드시 받아야 함을 역설한다. 임금을 지불하는 사람들은 지불을 보류하거나 단지 "수표가 우편으로 배달되고 있다."는 식으로 보고할 수 없다.

"곤궁하고 빈한한 품꾼은 너희 형제든지 네 땅 성문 안에 우거하는 객이든지 그를 학대하지 말며 그 품삯을 당일에 주고 해진 후까지 미루지 말라 이는 그가 가난하므로 그 품삯을 간절히 바람이라 그가 너를 여호와께 호소하지 않게 하라 그렇지 않으면 그것이 네게 죄가 될 것임이라"(신 24 : 14 – 15).

셋째, 두루마리 율법책은 소유자 계급은 소출의 한 뭇을 가져와서는 안 되고, 그것을 나그네와 고아와 과부가 취하여 사용하도록 남겨두어야 한다. 이 조항은 세 가지의 소득의 원천인 곡식과 포도주와 감람나무 기름에 정확히 적용된다.

"네가 밭에서 곡식을 벨 때에 그 한 뭇을 밭에 잊어버렸거든 다시 가서 가져오지 말고 나그네와 고아와 과부를 위하여 남겨두라 그리하면 네 하나님 여호와께서 네 손으로 하는 모든 일에 복을 내리시리라 네가 네 감람나무를 떤 후에 그 가지를 다시 살피지 말고 그 남은 것은 객과 고아와 과부를 위하여 남겨두며 너는 애굽 땅에서 종 되었던 것을 기억하라 이러므로 내가 네게 이 일을 행하라 명령하노라"(신 24 : 19 - 22).

이 조항은 자그마한 농촌 경제에서 프랑크 크루즈만(Frank Cruesemann)이 초기 "사회적 안전망"[4]이라 부른 것과 일맥상통한다. 이것은 율법이 요구하는 바는 약자조차도 경제의 정당한 참여자이고 그들에게도 물질적인 공급이 이루어져야 한다는 인식이다.

부채의 면제

두루마리 율법이 요구하는 중심사항에는 '면제해 주는 해', 즉 7년 후 부채의 면제를 위한 조항이 있다(신 15 : 1 - 18).[5] 이 규정은 6년 후에도 갚지 못하고 남아 있는 부채가 있다면 이를 면제할 것을 요구한다. 가장 철저한 이 조항은 경제의 실행이 이웃의 복지(well-being)에 종속되어야 함을 의도한다. 이웃들, 즉 채권자와 채무자 사이의 사회적 관계가 경제적 현실보다 더 중요하고 규정적이라는 것이다. 따라서 이스라엘에는 영구한 하층계급이 있어서는 안 된다. 이렇게 해서 가난한 이들조차 경제에 가용한 방식으로 참여할 수단을 보증받게 된다.

---

4) Frank Cruesemann, *The Torah : Theology and Social History of Old Testament Law*(Edinburgh : T. & T. Clark, 1996), 224 - 234쪽.

5) Jeffries M. Hamilton, *Social Justice and Deuteronomy : The Case of Deuteronomy 15*(Dissertation Series 136 ; Atlanta : Scholars Press, 1992)를 보라. 더 광범위한 논의로는 Moshe Weinfeld, *Social Justice in Ancient Israel and in the Ancient Near East*(Minneapolis : Fortress Press, 1995)를 참조하라.

레위기 25장에 나오는 희년에서 결국 절정을 이루는 이 율법 조항 앞에 철저성 또는 중요성을 과장하는 것은 불가능하다. 말하자면 두루마리 율법책은 가난한 사람들에 대한 관심으로 가득 채워져 있고, 독자들이 (왕과 같이 권력을 지닌 독자들을 포함해서) 경제정책을 입안하고 실행할 때 가난한 사람들을 고려해야 할 것을 의도하고 있다. 얼핏 보면 서로 모순되어 보이는 아래의 두 계명에서 명백하게 나타난다.

먼저 신명기 15장 4절에 "너희 중에 가난한 자가 없으리라"고 기록되어 있다. 다시 말해서 이 계명에 순종하면 빈곤이 근절될 것이다. 왜냐하면 가난함은 불가피한 것이 아니라 특정한 경제적 실행의 결과이기 때문이다. 하지만 11절에는 다음과 같이 기록되어 있다. "땅에는 언제든지 가난한 자가 그치지 아니하겠으므로"(신 15 : 11). 이 구절은 마가복음 14장 7절에서 예수님이 인용하신 유명한 말씀이다. 이것은 자주 "가난한 자가 존재하는 것이 해소할 수 없는 사회적 현실"이라는 체념적인 인식으로 해석된다. 그러나 그러한 해석은 11절이 지닌 힘을 전달하지 못한다. 오히려 가난한 자가 지속적으로 존재하는 사회적 현실에 대한 인식은 부채의 면제가 계속해서 실행되어야 한다는 명령이다. 따라서 4절의 '약속'과 11절의 '긴급성'은 서로 모순되는 것이 아니라, 오히려 두 절 모두 실천의 긴급성과 유효성을 강조한다.

7~9절에서 계명의 철저성은 경제적인 요구가 너무 과도하다고 생각한 사람들로부터 저항을 불러일으킨다는 것은 명백하다.

"네 하나님 여호와께서 네게 주신 땅 어느 성읍에서든지 가난한 형제가 너와 함께 거주하거든 그 가난한 형제에게 네 마음을 완악하게 하지 말며 네 손을 움켜쥐지 말고 반드시 네 손을 그에게 펴서 그에게 필요한 대로 쓸 것을 넉넉히 꾸어주라 삼가 너는 마음에 악한 생각을 품지 말라 곧 이르기를 일곱째 해 면제년이 가까이 왔다 하고 네 궁핍한 형제를 악한 눈으로 바라보며 아무것도 주지 아니하면 그가 너를 여호와께 호소하리니 그것이 네게 죄가 되리라"(신 15 : 7-9).

경제적으로 성공한 사람들 가운데는 경제가 이웃의 기반 구조를 섬기도록 실행되어야 한다는 명령을 이해하거나 받아들이지 않은 사람들도 있었다. 그들은 이웃에게 주어야 할 자신들의 경제적 재원을 보류하고, 사적인 취득과 소유를 공고히 하는 것을 더 좋아했다. 하지만 율법의 계명은 이 점에서 타협의 여지가 없고 물러서지 않는다.

그러한 이유 때문에 계명은 히브리 동사를 통해 그 긴급성을 강조하는 다섯 차례의 절대 부정사를 사용하고 있는데, 영어 번역에서는 이것이 파악되지 않는다. 이러한 문법적 장치는 히브리어에서는 결코 놓칠 수 없는 방식으로 그것을 반복함으로써 동사를 강조한다.

펴라 – 펴라(8절)

꾸어주라 – 꾸어주라(8절)

주라 – 주라(10절)

펴라 – 펴라(11절)

주라 – 주라(14절)

영어 번역이 할 수 있는 최상은 강조하는 부사를 사용하는 것이다. 히브리어 수사(rhetoric)에서 절대부정사는 흔하지 않다. 따라서 여기서 다섯 차례나 절대부정사가 사용된 것은 요점을 부각하려는 열정을 나타낸다.

15절에서 출애굽기에 대한 결론적 언급(신 24 : 22에서처럼)은 하나님의 명령을 출애굽기의 해방적 전승에 연결시켜서, 이스라엘이 경제적 실천에로 부름을 받았다는 사실을 보여 주기 위한 노력이다. 우리는 이러한 이웃을 위한 강도 높은 억양이 요시야 왕의 귀에 울렸다고 상상할 수 있다. 율법의 교훈은 예루살렘의 기득권 체제가 그들이 의존했던 '종교적 상징체계'에 대한 길을 상실했다는 사실을 왕에게 분명하게 가르쳐 주었다. 종교적 상징체계는 왕과 성전 주변에 결집하고 있던 예루살렘의 지배 엘리트들을 위해 해롭고 착취적인 '경제적 실행'을 정당화해 주었다. 따라서 어떤 의미에서는 요시야 왕이 두루마리 율법책의 진리를 왕권의 변혁을 위한 추동력으로 삼았다는 점에서, 그의 주변에 결집한 지배 엘리트 계급의 배반자였다고 생각할 수도 있다.

계약적 저주의 위협

두루마리 율법책에 응답한 요시야 왕의 긴급한 자세는 신명기 28장에 나오는 축복과 저주의 재연에 뿌리를 두고 있을 가능성이 가장 크다. 따라서 여선지자 훌다는 예루살렘에 임할 재앙에 대한 선포를 "유다의 왕이 읽었던 율법책의 모든 말씀들"(왕하 22 : 16)에 근거를 둔다. 신명기 28장 1~14절에 "토라의 계명들에 순종할 때 이스라엘을 위한 축복이 재연된다."라는 말씀이 기록되어 있다. 축복은 토라를 준수하는 공동체를 위한 온전하고 풍성한 삶에 집중한다. 하지만 15~68절에서 저주의 목록은 이에 반비례해서 길고도 가혹하다. 본문이 주장하는 바는 토라를 위반할 때 상상 가능한 모든 악이 공동체 위에 임한다는 것이다. 이것은 불순종한 이스라엘 위에 실행되려고 하는 언약적 제재를 선포하는 예언자들이 느끼는 반복적인 부담이다. 그리고 요시야 왕의 첫 인식, 즉 "여호와께서 우리에게 내리신 진노"(왕하 22 : 13)와 연결되는 것은 바로 "임하는 재앙"(왕하 22 : 16)에 대한 훌다의 선포의 핵심이다.

따라서 두루마리 율법의 계명과 훌다의 불길한 예언에 대한 요시야 왕의 긴급하고도 강력한 응답은 이러한 선포된 언약적 저주의 위협에서 생겨난 것이다. 요시야 왕의 응답은 임할 재앙을 피하기 위한 것이었다. 어떤 이는 요시야 왕의 동기가 적극적이고 긍정적이기를 바랐을 수도 있다. 하지만 그것은 우리의 바람과 다르다. 우리는 그러한 위협과 그 위협에 대한 응답을 선뜻 받아들이기가 쉽지 않다. 왜냐하면 그것은 마치 하나님이 자신을 기뻐하지 않는 백성들에게 분노하는 원시적인 초자연주의자처럼 느껴지기 때문이다. 하지만 만일 신명기의 전승이 사실상 훨씬 더 세련된 주장을 한다는 사실을 안다면, 요시야 왕과 여선지자 훌다의 응답을 이해할 수 있다. 신명기의 전승은 반항적인 원시주의라기보다는 세계는 도덕적으로 질서 정연하고, 행위와 정책은 결과를 지니며, 공동체의 미래 가능성은 현재의 선택과 정책 결정으로부터 생겨난다는 주장으로 해석될 수 있다. 신의 심판에 대한 문학적 수사는 공적인 과정에 심오하고도 협상의 여지가 없는 책임성이 있음을 주장한다. 요시야 왕은 바로 그 점을 분명하게 이해했다.

시내산 전승에 깊이 뿌리 내린 그러한 신학은 요시야 왕권이 안주하고 있는 예루살렘 신학에 직면해서 안개처럼 사라진다. 왕조와 성전을 중심으로 하는 예루살렘 신학은 선택된 왕인 다윗과 선택된 도성인 예루살렘에 집중하면서 왕, 도성, 그리고 성전은 무조건적인 신의 지지의 영속적인 보증을 받고 있기에 도덕적인 책임에서 자유롭다고 주장했다. 그러한 신학은 자기에게 관대한 만족으로 나아가기 십상이다. 그리고 바로 이러한 사태가 예루살렘에서 일어난 것이다.

따라서 요시야 왕권에서 두루마리 율법책의 낭송의 순간에 경쟁하는 두 신학 사이의 가장 심오한 진리주장이 펼쳐졌다. 즉, 권력을 향유한 '예루살렘의 제도권 신학'의 진리주장과 책임을 환기한 '옛 언약 전승'의 진리주장이 그것이다. 특히 여기서 요시야 왕이 지금 무엇이 중요한지를 즉각 간파했다는 점은 대단히 주목할 만하다. 그는 두루마리 율법책의 진리를 신속하게 포용했고, 자신의 권력에 대한 주장이 율법의 진리에 종속되어야 한다는 점을 이해했다.

따라서 우리는 그가 시행한 종교개혁을 그의 정부와 왕권을 진리의 언약의 두루마리의 토대 위에 재구축하기 위한 노력으로 이해할 수 있다. 요시야 왕은 즉각적으로 그의 통치가 므낫세의 통치에 의해, 그리고 유다 왕조의 언약에 대한 무관심으로 인해 반영된 위험을 분별했다. 이에 요시야 왕은 예루살렘에서 벌어졌던 토라에 대한 뻔뻔스러운 불순종의 현실을 바로 잡기 위한 조치를 단행했다.

첫째, 그는 공적인 영역에서 언약을 확립했다.

"왕이 단 위에 서서 여호와 앞에서 언약을 세우되 마음을 다하고 뜻을 다하여 여호와께 순종하고 그의 계명과 법도와 율례를 지켜 이 책에 기록된 이 언약의 말씀을 이루게 하리라 하매 백성이 다 그 언약을 따르기로 하니라"(왕하 23 : 3).

둘째, 4~20절에서 요시야 왕은 언약과 여호와 경배를 위반하는 모든 토템들과 우상들을 제거했다.

"왕이 대제사장 힐기야와 모든 부제사장들과 문을 지킨 자들에게 명령하여 바알과 아세라와 하늘의 일월 성신을 위하여 만든 모든 그릇들을 여호와의 성전에서 내다가 예루살렘 바깥 기드론 밭에서 불사르고 그것들의 재를 벧엘로 가져가게 하고"(왕하 23 : 4).

셋째, 요시야 왕은 이스라엘 백성들을 출애굽과 시내산의 근본적인 전승으로 돌이키게 함으로써 유월절 기념을 재확립했다(왕하 23 : 21-23).

우리는 또한 왜 신명기 신학의 사가들이 그들의 작업을 요시야 왕의 개혁에 중심을 두고 전개하는지를 알 수 있다. 즉, 그들은 이스라엘 역사의 진리는 출애굽과 시내산 언약의 진리 안에 깊이 주어져 있음을 믿고 있는 것이다. 그 언약의 진리 안에서 이스라엘을 위한 그 어떤 무조건적인 선택, 혹은 예외주의(exceptionalism)의 차원이 대체되거나 무효화될 수 없다. 따라서 요시야 왕은 신명기 신학의 내러티브 해석자들의 확신을 극적인 방식으로 실행하고 있는 것이다. 내러티브 해석자들은 옛 언약의 현실은 적합할 뿐만 아니라, 그 어떤 도성의 정교화나 영리한 신학적 조작도 언약의 현실을 부정할 수 없음을 주장한다. 따라서 열왕기하 23장 3절에서 요시야 왕이 세운 언약, 그릇된 종교적 상징들의 정화(왕하 23 : 4–20), 그리고 유월절의 재확립(왕하 23 : 21–23)은 이스라엘의 심오한 방향 전환의 여러 측면들이다. 요시야 왕이 토라의 진리를 포용하는 용기 있는 태도 때문에 두드러진 평가를 받았다는 점은 당연하다.

"요시야와 같이 마음을 다하며 뜻을 다하며 힘을 다하여 모세의 모든 율법을 따라 여호와께로 돌이킨 왕은 요시야 전에도 없었고 후에도 그와 같은 자가 없었더라"(왕하 23 : 25).

우리는 위의 평가에서 신명기의 강조점을 확인할 수 있다. 요시야 왕은 마음을 다하고 뜻을 다하고, 힘을 다하여, 즉 사회–경제적, 정치적 정책을 세우는 데 자신의 전 능력을 다해 응답한다. 그는 신명기에 주어진 대로 모세의 토라를 받아들인다. 그리고 여호와 하나님에게로 돌아섰다. 다시 말해서 그것은 권력의 재전개를 요구한 전향이었다. 신명기 사가들은 그것의 결과를 안다. 그들은 요시야 왕 이후에 사태가 더욱 악화되었고, 결국은 멸망으로 치달았다는 사실을 안다. 심지어 요시야 왕의 용기조차 충분하지 않았다는 사실을 안다. 그래서 그들은 '그러나 Still'(또는 보다 강한 반대를 의미하는 '그러나 Yet' 또는 '그럼에도 불구하고 Nevertheless'로 번역하거나 혹은 독일어로 '그럼에도 불구하고 Doch'로 번역할 수도 있을 듯하다.)[6]로 시작하는 그 다음 절에서 요시야 왕에게 내린 관대한 판결을 지

---

6) 역주 : 한글성경 개역개정판에서는 '그러나'로 번역하고 있고, 미국 개역개정판(NRSV) 성경에서는 'Still'로 번역하고 있다.

속시킨다.

> "그러나 여호와께서 유다를 향하여 내리신 그 크게 타오르는 진노를 돌이키지 아니하셨으니 이는 므낫세가 여호와를 격노하게 한 그 모든 격노 때문이라"(왕하 23 : 26).

이스라엘 백성의 예외주의에 대한 옛 환상이 지배하고 있다. 결국 예루살렘의 권력 질서는 지배하지 못했고 또 지배할 수도 없었다. 요시야 왕의 길을 따르는 편이 보다 나았다. 하지만 그 당시 권력은 두루마리 율법책에 거의 순종하지 않았다. 그래서 요시야 왕은 신명기 사가들에 의해 이스라엘의 죽음을 향한 결정된 행진의 간주곡, 즉 가능한 것과 가능했을 수도 있었던 것을 증언하는 간주곡으로 여겨진다. 가능했을 수도 있었던 것은 사회-경제적이고 정치적인 권력을 이웃을 향해 행사하는 신실함이었다. 요시야 왕은 진리를 지키기 위한 하나의 모범으로서 엘리사와 병행을 이루는 인물이다. 우리가 보았듯이, 엘리사는 왕들을 무시했고 그 자신의 고유한 대항 역사(counter-history)를 실행했다. 그러나 요시야 왕은 지배적인 역사의 실행자 역할을 수행했다. 즉, 그는 왕정의 현실을 무시할 수 없었다. 그는 두루마리 율법과 그 대항적인 제안이 진지하게 받아들여질 때 공적 정책과 공적 기반체계가 변혁될 수 있다는 확신을 받아들인다. 우리는 요시야 왕으로부터 두루마리 율법과 그 진리에 보다 주의를 기울이도록 초대를 받는다.

두루마리 율법이 권력에 말하다

나는 이제 다른 세 군데의 본문들에 나타난 그의 증언을 묶어 봄으로써 요시야 왕에 대한 내용을 더 추론해 보고자 한다. 요시야 왕은 왜 두루마리 율법에 주의를 기울여야 했는가? 나는 요시야와는 대조적으로 여호와 하나님이 보시기에 악을 행한 자로 여겨진 그의 아들 여호야김(왕하 23 : 36 -24 : 7) 왕을 언급함으로써 대답하고자 한다.

신명기 전승에 대단히 가깝게 연결되어 있는 예언자 예레미야는 여호야김 시대에 활동했다. 예레미야 36장에 보면 예레미야가 "여호야김 제 사 년에"(렘 36 : 1), 즉 주전 605년에 여호와 하나님의 명령을 받고 두루마리 율법을 그의 비서인 바룩에게 받아쓰게 했다. 이러한 대필 행위는 흔히 예레미야서(두루마리)의 기원으로 간주된다. 여호야김 왕권에게 있어서 예레미야는 기피 대상이었기 때문에, 그는 두루마리 율법책에 기록된 말씀을 유다 백성들에게 낭독하기 위해 바룩을 파송한다. 바룩은 두루마리에 기록한 여호와의 말씀을 "유다 백성의 귀에"(렘 36 : 6) 낭독한다. 우리는 그가 "여호와의 성전 위 뜰 곧 여호와의 성전에 있는 새 문 어귀 곁에 있는 사반의 아들 서기관 그마랴의 방"(렘 36 : 10)에서 두루마리 율법책에 기록된 말씀을 낭독하는 것을 듣는다.

이것은 아마 두 번째 낭독일 것이다. 왜냐하면 그런 방에서의 낭독은 "모든 백성의 귀에" 하는 것이 아니기 때문이다. 두루마리에 기록된 말씀의 낭독은 신속하게 당국자들에게 보고되었다. 마치 공적 영역이 왕권의 불안을 반영하는 것처럼 예민한 감시 아래 있었던 것으로 보인다. 바룩은 두루마리의 말씀을 두 번째(혹은 세 번째?)로 고관들이 모여 있는 방에서 낭독한다(렘 36 : 15). 두루마리 율법의 말씀을 들은 고관들은 예레미야가 보낸 이 파괴적인 두루마리 문서에 대해 왕에게 아뢸 것을 결정했다. 하지만 먼저 그 두루마리 문서의 기원에 대하여 바룩을 심문한다. 그들 사이에 오간 대화가 흥미롭다. 바룩이 예레미야가 직접 구술한 두루마리 율법의 말씀을 자신이 받아썼다고 고관들에게 말하자, 고관들은 바룩에게 이렇게 말한다. "너는 가서 예레미야와 함께 숨고 너희가 있는 곳을 사람에게 알리지 말라"(렘 36 : 19).

이는 마치 고관들이 예레미야의 두루마리 율법의 말씀들을 위험하고 선동적인 것으로 인식한 듯 보인다. 더 나아가 그들은 두루마리 율법의 핵심 논지에 공감하고 있다. 우리는 예레미야의 두루마리 율법이 신명기에 의해 전승된 옛 시내산 언약 전승을 반영하고 있다는 점을 안다. 우리는 요시야 왕을 제외한 예루살렘 왕권의 기득권들이 그 전승을 철저히 무시했다는 사실도 잘 알고 있다. 하지만 여기에 이 두루마리 율법에 공감하는 왕의 고관들이 있다. 이것은 무엇을 의미할까? 이는 그들이 왕의 정책에 은밀하고도 주의 깊게 저항했다는 뜻이다. 그래서 그들은 바룩과 예레미야를 기꺼이 보호하려고 한 것이다. 즉, 그들은 두루마리 율법의 말씀을 기록한 사람들이 위험에 처해질 것을 알았기에, 예레미야와 바룩에게 은신할 것을 종용했던 것이다.

고관들은 두루마리 율법책을 왕에게 가져갔다. 고관들이 생각하기에 예레미야의 두루마리 율법에는 왕이 들어야 할 내용들이 담겨 있었다. 하지만 그들에게는 감히 왕에게 고할 용기나 자유가 없었다. 그래서 매우 극적인 장면에서 서기관이 예레미야의 두루마리 율법책을 왕 앞에서 낭송하지만 왕은 그것을 듣고 난 후 다음과 같은 행동을 한다.

"그때는 아홉째 달이라 왕이 겨울 궁전에 앉았고 그 앞에는 불 피운 화로가 있더라 여후디가 서너 쪽을 낭독하면 왕이 칼로 그것을 연하여 베어 화로불에 던져서 두루마리를 모두 태웠더라"(렘 36 : 22-23).

예레미야의 본문은 계속해서 덧붙인다. 왕의 측근들은 예루살렘 왕권 이데올로기에 깊이 사로잡혀 있어서 예레미야의 두루마리 율법의 말씀을 듣고도 두려워하지 않았다. 율법의 낭송은 두려움이나 어떤 통회의 응답을 이끌어 내지 못했다. "왕과 그의 신하들이 이 모든 말을 듣고도 두려워하거나 자기들의 옷을 찢지 아니하였고"(렘 36 : 24).

방에 모여 있던 어떤 신하들은 두루마리의 중요성을 알았기에 왕이 그것을 불사르지 말도록 아뢰었다. 하지만 아무 소용이 없었다. "엘라단과 들라야와 그마랴가 왕께 두루마리를 불사르지 말도록 아뢰어도 왕이 듣지 아니하였으며"(렘 36 : 25).

사실상 왕은 언약에 대한 진리 증언을 없애기 위해 두루마리를 불태웠을 뿐만 아니라, 예레미야와 바룩의 입을 막기 위해 병사들을 시켜 두 전복자를 잡아들이게 했다. 말하자면 왕은 진리 선포를 막기 위해 두루마리를 잘게 베었을 뿐 아니라, 나아가 진리 선포자들을 제거하려고까지 했다. 예레미야의 내러티브는 간결하게 이렇게 덧붙인다. "(하지만) 여호와께서 그들을 숨기셨더라"(렘 36 : 26).

이것은 당연하다. 우리가 26절의 간결한 보도를 19절의 충고와 연결시킬 수 있을 만큼 충분히 알아야 하는 것 외에 뭐가 더 필요하겠는가? 예레미야와 바룩을 숨긴 이는 바로 여호와 하나님이다. 하지만 왕과 왕의 측근들의 분노에서 그들을 지키도록 조치를 취한 주체는 바로 예루살렘의 고관들이었다. 이어지는 단락에서 여호와 하나님은 예레미야를 통해 왕을 향한 혹독한 재앙을 선언한다. 왜냐하면 왕이 두루마리를 불태웠기 때문이다.

"또 유다의 여호야김 왕에 대하여 이와 같이 말하기를 여호와의 말씀에 네가 이 두루마리를 불사르며 말하기를 네가 어찌하여 바벨론의 왕이 반드시 와서 이 땅을 멸하고 사람과 짐승을 이 땅에서 없어지게 하리라 하는 말을 이 두루마리에 기록하였느냐 하도다 그러므로 여호와께서 유다의 왕 여호야김에 대하여 이와 같이 말씀하시니라 그에게 다윗의 왕위에 앉을 자가 없게 될 것이요 그의 시체는 버림을 당하여 낮에는 더위, 밤에는 추위를 당하리라 또 내가 그와 그의 자손과 신하들을 그들의 죄악으로 말미암아 벌할 것이라 내가 일찍이 그들과 예루살렘 주민과 유다 사람에게 그 모든 재난을 내리리라 선포하였으나 그들이 듣지 아니하였느니라"(렘 36 : 29–31).

찢음의 의미 – 파괴적 힘과 보호적 힘

이 짧은 인용문에서 나는 예레미야 36장 23~24절에 나오는 동사 '찢다'(tear)의 사용에 초점을 둔다. "여후디가 서너 쪽을 낭독하면 왕이 면도칼로 그것을 연하여 베어 화로불에 던져서 두루마리를 모두 태웠더라 왕과 그의 신하들이 이 모든 말을 듣고도 두려워하거나 자기들의 옷을 찢지 아니하였고" 우리가 주목하는 동사의 첫 용법은 '베다'(cut)로 번역되어 있지만, 실제로는 나중에 '찢다'(tear)로 번역된 것과 동일한 동사이다. 24절에서 우리는 왕이 두루마리에 대한 응답으로 자신의 옷을 찢지 않았음에 눈여겨보게 된다.

어네스트 니콜슨(Ernest Nicholson)은 이 장에서 동사 '찢다'의 이중적인 사용이 열왕기하 22장 11절에서 신명기 두루마리의 율법의 말씀을 듣고 요시야 왕이 했던 응답에 대한 보도에 사용된 것과 동일한 동사라는 점에 주목했다. "(요시야) 왕이 율법책의 말을 듣자 곧 그의 옷을 찢으니라" 19절에서도 요시야 왕은 그의 통회로 인해 긍정적인 평가를 받고 있다. "여호와 앞 곧 내 앞에서 겸비하여 옷을 찢고 통곡하였으므로" 요시야 왕은 자신의 옷을 찢었다. 하지만 그의 아들 여호야김 왕은 두루마리를 찢고(cut), 자신의 옷은 찢지 않았다. 니콜슨은 부자의 이 대조적인 반응에 대해 이렇게 평한다.

> 문제가 되는 내러티브는 열왕기하 22장의 병행 본문으로서 이것은 의식적으로 구성되었다. 이러한 의식적인 구성은 하나님의 말씀에 대한 여호야김 왕의 응답과 그의 존경할 만한 부왕 요시야 사이의 대조를 가리키기 위한 일차적 의도를 지니고 있다. 열왕기하 22장은 요시야 왕이 율법책에 순종해서 말씀이 명령하는 바에 응답하여 종교개혁을 수행했음을 보여 준다. ……율법책에 기록된 하나님의 말씀을 듣고 보인 요시야 왕의 통회와 예레미야의 두루마리 율법의 말씀을 듣고 보인 여호야김 왕의 태도 사이에는 매우 숙고된 대조가 나타난다.[7]

---

7) Ernest W. Nicholson, *Preaching to the Exiles : A Study of the Prose Tradition in the Book of Jeremiah* (Oxford : Blackwell, 1970), 42-43쪽.

그리고 니콜슨은 각주에서 이렇게 덧붙인다.

> 이것이 제시하는 바는, 내러티브의 저자들은 기록된 사건들에 관여한 대조적인 집단, 즉 한편에는 "요시야 왕을 따르는" 관리들과 다른 한편에는 여호야김 왕과 그의 '신하들'이라는 것이다. ……이러한 대조는 두루마리를 찢어 불태우기를 바란 사람들과 그것을 보존하기를 바란 사람들 사이에 그려진 경계에 의해 더욱 확실히 증거된다(렘 36:20, 23, 25). 마찬가지로 예언자를 잡아 (아마) 죽이려고 한 사람들과 그를 보호하려고 한 사람들 사이의 날카로운 경계(렘 36:19, 26)도 이러한 대조를 증거한다.

이제 나의 목적은 예루살렘의 정치를 향해 진리를 선포한 예레미야의 두루마리에 저항한 여호야김 왕과 그의 측근들에 대한 내용에 너무 많은 시간을 할애하지 않는 것이다. 그것은 충분히 분명하게 이해되었다. 내 관심은 요시야 왕이 왕정에 있어서 '하나의 예외'라는 사실에 있다. 보통 왕들은 옛 율법의 두루마리와 이스라엘에 대한 그 언약의 비전을 환영하지 않았다. 그들은 옛 언약 전승들을 동시대에 그대로 적용해야 한다고 주장하는 선지자들의 증언을 확실히 환영하지 않았다. 그들은 왕정의 야심을 구속하고 왕권의 자기만족을 비판적으로 증언하는 데에 근간이 되는 옛 신적인 목적에 대해 듣고 싶어 하지 않았다. 왕들이 권력에 제한을 가하는

---

8) Ibid., 44n. 2.

옛 전승에 저항한다는 사실은 결코 뉴스거리가 못된다.

요시야 왕에게서 더욱더 놀라게 되는 이유는 그의 환경이 두루마리에 주의를 기울일 필요가 없었다는 사실 때문이다. 그는 두려워할 필요가 없었고, 통회하면서 옷을 찢을 필요가 없었다. 또한 거대한 개혁을 추진할 필요가 없었다. 그는 사무엘상 8장 11절 이래로 몰수와 찬탈의 길이었던 '왕의 길들'로부터 떠날 필요가 전혀 없었던 것이다. 하지만 그는 그 모든 것을 했다. 그러한 이유 때문에 공공 정책은 이웃 사랑을 명하는 언약 전승들과 부합해야 한다고 주장하는 언약의 진리에 응답한 고대 이스라엘의 권력자들 가운데, 그는 놀라운 예외적인 왕의 모습을 구현하고 있다.

이렇게 해서 우리는 예루살렘의 정치·종교 이데올로기의 인습적인 예외주의로부터 비판적인 거리를 취한 예루살렘의 지배 엘리트들 사이에서 하나의 대항세력을 상정할 수 있다. 이 무리의 대항세력은 직접 두루마리 율법책을 제공했던 예레미야와 유력한 서기관 가문 출신인 바룩과 함께 왕을 포함한다. 그것은 왕권의 정책이 어리석다는 사실을 알고 예레미야와 바룩을 보호하고 싶어 했던 사반과 그의 강력한 정치적 가문에 속한 관리들도 포함한다. 니콜슨은 이 작은 집단에 대해 이렇게 말한다.

> 예레미야서(렘 26 : 24 ; 29 : 3)에서 사반의 가문에 속한 사람들이 기술되는 공감에 비추어 볼 때, 그들이 요시야 왕에 의해 수행된 신명기적 개혁의 원리들에 충실했고, 이로 인해 예레미야에 대해 호의를 베풀었다고 볼 수 있다. ……그것은 사반의 가문이 예언에 대한 강도 높은 관심을 지닌 신명기적 이상을 추구하는 집단의 신학을 수용했기 때문이다. 다만 예레미야가 증언한 말씀의 신적 권위를 인정했다는 점을 언급할 필

요가 있다.[9]

예루살렘의 지배 엘리트 집단 가운데 개혁적인 두 집단이 존재했다고 상상해 보는 것은 왕가의 정책에 대항한 신명기적인 개혁의 주창자들 가운데는 눈에 띄지 않는 두루마리를 제공한 사람들과 선지자들뿐만 아니라 가공할 만한 의식 있는 정치 조직이 포함되어 있었다는 사실을 보여 준다. 후자에 속한 사람들은 권력이 자의적으로 또는 자기 보호적인 방식으로 행사될 수 없다는 점을 이해하고 있었다.

그들은 신명기 전승의 뿌리로부터 이웃에 대항하며 절대화하는 권력은 파괴적이고, 하나님에 의해 통치되는 역사의 과정은 일시적인 도덕적 차원과 함께 그러한 자의성에 대항한 에너지를 분출할 것이라는 점을 알고 있었다. 예루살렘에서 권력에 대한 그러한 비판이 수행되는 상황에서 요시야 왕이 선택한 것은 더욱더 중요한 의미를 지닌다.

요시야와 여호야김의 대조

그러한 기초 위에서 요시야 왕에 대한 예레미야의 성찰에 초점을 맞추어 보자. 신명기와 예레미야의 두루마리 율법은 밀접하게 서로 연결되어 있는 것이 분명하기 때문이다. 예레미야 22장 13~19절에서 예언자는 자

---

9) Ibid.

신에 대해 그렇게도 격정적으로 반대했던 여호야김 왕에 대한 비판과 애가를 시적으로 표현한다. 이 시는 예언적인 논쟁에서 특징적인 것처럼 임박한 재난의 '화'로 시작한다.

> 불의로 그 집을 세우며
> 부정하게 그 다락방을 지으며
> 자기의 이웃을 고용하고
> 그의 품삯을 주지 아니하는 자에게 화 있을진저
> 그가 이르기를 내가 나를 위하여 큰 집과
> 넓은 다락방을 지으리라 하고
> 자기를 위하여 창문을 만들고
> 그것에 백향목으로 입히고
> 붉은 빛으로 칠하도다(렘 22 : 13-14).

왕은 '불의'하고 부당한 정책들과 실천들에 대해, 즉 이웃에 대한 착취로 인해 옛 언약의 기준에 의하여 기소당한다. 구체적으로 착취적인 노동 관행, 즉 바로 아래 이미 이스라엘에 알려지고 솔로몬을 모방한 노동 정책이 비난을 받는다. 값싼 노동력은 다락방, 창문, 그리고 왕궁의 백향목과 관련된 왕가의 호화 사치 때문에 필요했다. 그러한 왕가의 과도한 호화 사치 이면에 언제나 이웃을 착취할 수밖에 없는 값싼 노동력이 있다는 엄연한 사실을 전승은 잘 알고 있다.

왕에 대한 비난은 17절에서 폭력, 억압, 그리고 부정한 축재에 대한 비난과 함께 계속된다.

> 그러나 네 두 눈과 마음은
> 탐욕과 무죄한 피를 흘림과
> 압박과 포악을 행하려 할 뿐이니라(렘 22 : 17).

그런 다음 강력한 수사적 '그러므로'와 더불어 예언자는 왕의 치욕스러운 죽음의 불가피한 귀결을 시적으로 묘사한다.

> 무리가 그를 위하여
> "슬프다 내 형제여", "슬프다 내 자매여" 하며 통곡하지 아니할 것이며
> 그를 위하여 "슬프다 주여"
> "슬프다 그 영광이여" 하며
> 통곡하지도 아니할 것이라
> 그가 끌려 예루살렘 문 밖에 던져지고
> 나귀같이 매장함을 당하리라(렘 22 : 18-19).

이 시적인 예기(豫期)에서 왕은 영예롭게 죽음을 맞이하지 못하고 천시받는다. 나는 이 본문을 읽으면서 민중들의 증오로 벽에 내걸린 '루마니아의 독재자의 피 묻은 시신' 혹은 일찍이 '로마의 거리에 내걸린 무솔리니의 시신'을 생각하게 된다. 예언자는 그렇게 완고한 권력이 결국에는 수치와 멸시로 끝날 것이라는 사실을 시적으로 묘사해 준다.

하지만 여기서 우리의 관심을 끄는 것은 바로 여호야김 왕에 대한 이러한 수사적 묘사의 와중에 여호야김의 부왕, 즉 요시야 왕에 관한 내용을 담은 두 절 때문에 여호야김 왕에 대한 비난이 잠시 중단된다는 점이

다. 이 두 절은 요시야 왕을 정죄를 받는 그의 아들과 완전히 대조적인 인물로 간주한다.

> 네 아버지가 먹거나 마시지 아니하였으며
> 정의와 공의를 행하지 아니하였느냐
> 그때에 그가 형통하였었느니라
> 그는 가난한 자와 궁핍한 자를 변호하고
> 형통하였나니
> 이것이 나를 앎이 아니냐
> 여호와의 말씀이니라(렘 22 : 15 – 16).

여호야김의 부왕인 요시야는 '정의'와 '공의'를 행했다. 이웃에 대한 연대를 표현하는 두 용어는 13절에서 여호야김에 대한 부정적인 표현인 '부정'과 '불의'가 병행되어 있다. 그래서 옛 언약 전승에 따라 요시야 왕은 형통했다. "그가 형통하였었느니라" 그는 옛 언약이 요구하는 바에 따라 살았기 때문에 옛 언약이 약속하는 '샬롬'의 축복을 받았다. 그는 언약이 요구하는 사항들을 그의 통치의 안내로 받아들였다.

그런 다음 예레미야는 계속해서 이러한 왕의 정의와 공의를 시적인 표현을 사용해서 구체적으로 나열한다. 그것은 이렇게 이어진다. 그는 가난한 자와 궁핍한 자의 대의를 '변호'하여 자신의 통치를 약자들을 보호하고 지탱하는 수단으로 삼았다.

요시야 왕의 통치 아래에서 가난한 자와 궁핍한 자의 대의를 변호한 것

(16a절)은 그들이 착취를 당하지 않도록 보살피고, 그들이 노동에 대한 임금을 받지 못하는 일이 없도록 보살피며, 그들의 소유가 부당하게 탈취당하지 않도록 보살피고, 무엇보다도 많이 가지지 못한 사람들의 소유를 강탈하기 위해 뇌물과 다른 장치들에 의해 법체계가 조작되지 않도록 살피는 것이었다. 여호야김은 모든 면에서 왕권을 행사하는 시험에 실패했다.[10]

전승에 따르면 이러한 헌신이 '샬롬의 기반'이다. 그런 다음 예레미야의 시적인 예언은 여호와의 현실에 대한 가장 뚜렷한 성찰을 덧붙인다. "이것이 나를 앎이 아니냐?" 이 물음은 가난한 자에 대한 정의를 하나님에 대한 지식과 동일시한다. 그것은 정의가 하나님의 지식으로 인도한다거나, 하나님에 대한 지식이 정의로 인도한다는 말이 아니라, 양자는 동일하다는 말이다. 호세 미란다(Jose Miranda)는 요한일서 4장의 증언을 예레미야 22장 15~16절에 관한 반복절로 간주한다.

요한서신으로 돌아가 보자. 요한일서 4장 7~8절이 말하는 바, 자신의 이웃을 사랑하는 사람은 하나님을 사랑하고 자신의 이웃을 미워하는 사람은 하나님을 알지 못한다는 말씀은 요한이 말하는 사랑의 정의이다. 이것은 바로 예레미야 22장 16절과 모든 예언자들의 결정적인 가르침이기도 하다. 우리가 이 가르침에서 요한이 올바른 하나님과의 관계를 이웃사

---

10) Patrick D. Miller, "The Book of Jeremiah," *New Interpreter's Bible 6* (Nashville : Abingdon Press, 2001), 742쪽.

랑을 통해 이해하는 것과 예언자들이 반-제식적(anti-cultus)[11] 종교를 주장하는 궁극적인 이유를 같은 맥락에서 이해할 수 있다.[12]

계속해서 미란다는 요한일서 4장 12절, 16절, 20절, 그리고 7~8절을 그러한 순서로 인용한다. 구약 언약의 거룩한 하나님과 궁핍한 이웃 사이의 이러한 대담한 연결은, 바로 기독교 전승에서 그리스도론 신조의 서정적인 구절인 '참 하나님', '참 인간'으로 표현되는 시내산 언약의 주장과의 연결이기도 하다. 하지만 기독교 전승 이전에 이스라엘의 예언적 전승은 그러한 결정적인 연결고리를 분명하게 보았다.

> 지극히 존귀하며 영원히 거하시며
> 거룩하다 이름하는 이가 이와 같이 말씀하시되
> 내가 높고 거룩한 곳에 있으며
> 또한 통회하고 마음이 겸손한 자와 함께 있나니
> 이는 겸손한 자의 영을 소생시키며
> 통회하는 자의 마음을 소생시키려 함이라(사 57 : 15).

언약의 하나님은 거룩하시며, 통회하고 마음이 겸손한 자와 영원히 함

---

11) 역주 : 브루그만은 제식(祭式, cultus)이라는 용어를 다음과 같은 뜻으로 사용한다고 이해할 수 있다. 즉, 그것은 이스라엘의 선지자들이 활동하던 시대에 하나님의 말씀인 율법 신앙의 본질적인 가르침인 사랑과 정의가 실천되지 않고, 오직 형식적인 예배와 숭배만이 추구된 이스라엘의 타락한 종교를 가리킨다.
12) Jose Miranda, *Marx and the Bible : A Critique of the Philosophy of Oppression* (Maryknoll, NY : Orbis Books, 1974), 63-64쪽.

께 거하신다. 이 문장의 문법에서 하나님의 두 가지 방식의 거하심이 완전한 병행을 이루고 있다. 그것은 '체류한다', '잠정적으로 거한다'를 의미하는 단수 동사인 'skn'에 의해 좌우되고 있다. 요시야 왕은 이 진리를 알고 있었고 그의 권력을 그러한 방식으로 행사했다. 부왕과는 대조적으로 여호야김 왕과 그의 측근들은 마치 자신들이 율법의 두루마리를 없앨 수 있는 것처럼, 그리고 이러한 연결고리를 끊을 수 있는 것처럼, '궁핍하고 겸비한 이웃' 없이 '높으신 하나님'을 소유할 수 있는 것처럼 생각했다.

하지만 결국은 우리가 두루마리 율법책을 찢을 수 없다는 것은 당연한 진리다. 왜 그런가? 예레미야 36장 끝 부분에 보면 예레미야가 율법의 두루마리를 바룩에게 다시 기록하게 했다는 말이 나온다. "그 외에도 그 같은 말을 많이 더 하였더라"(렘 36 : 32). 비록 권력이 저항할 때조차도 진리는 사라지지 않는다. 두루마리 율법의 말씀은 우리를 계속해서 진리와 마주하게 한다.

왕의 시편들이 정의를 명한다

마무리하기 전에 우리는 어떻게 요시야 왕이 하나님과 이웃에 대한 이 모든 진리를 알게 되었는지 질문할 수 있다. 그는 확실히 온갖 종류의 유혹들에 둘러싸여 있었다. 그것들은 틀림없이 하나님과 이웃에 대한 진리를 그가 알고 싶어 하지 못하도록 유혹했을 것이다. 개인적인 견해로는 요시야 왕이 그 점을 잘 알고 있었다고 생각한다. 왜냐하면 이스라엘 왕권의 제의, 심지어 솔로몬 성전에서 거행된 제의조차도 이러한 진리를 증거하기 때문이다.[13] 왕들이 틀림없이 좋아했을 위대한 대관 시편들은 정의와 공의에 대한 하나님의 헌신을 증거한다.

> 그가 '의'로 세계를 심판하시며
> 그의 '진실하심'으로 백성을 심판하시리로다(시 96 : 13).

> 그가 '의'로 세계를 판단하시며
> '공평'으로 그의 백성을 심판하시리로다(시 98 : 9).

하지만 대관 시편들 가운데 이러한 증거를 가장 전형적으로 보여 주는 시편은 특별히 99편이다.

> 능력 있는 왕은 '정의'(justice)를 사랑하느니라
> 주께서 '공의'(equity)를 견고하게 세우시고
> 주께서 야곱에게 '정의'와 '공의'(righteousness)를 행하시나이다(시 99 : 4).

여호와는 정의를 사랑하는 분이시다. 또한 그분은 정의를 세우셨다. 여호와는 정의와 공의를 행하셨다. 이 표현들은 옛 언약 전승에 뿌리박고 있는 예언시들의 기도들이다. 하지만 이제는 그것들이 왕권의 제의에도 포

---

13) 시온(성전) 신학에 대한 매우 적극적인 평가를 위해서는 Ben C. Ollenburger, *Zion, the City of the Great King : A Theological Symbol of the Jerusalem Cult*(JSOT Supp. 41 ; Sheffield ; JSOT Press, 1987)을 참조하라.

함되어 있는 것이다.

  그 무엇보다도 솔로몬 왕의 시로 알려진 시편 72편은 그러한 사회-정치적 정의의 정책들을 왕의 복지에 연결시킨다. 시편은 예레미야 22장의 정의와 복지에 대한 절들에서도 동일한 연결점을 만든다. 시편은 예레미야 22장의 여호야김과 요시야에 관한 말씀에서 발견되는 동일한 용어들로 시작한다.

> 하나님이여 주의 판단력을 왕에게 주시고
> 주의 공의를 왕의 아들에게 주소서(시 72 : 1).

  정의와 공의의 실천이 통치자인 왕과 다음과 같이 보다 구체적으로 결합되었다.

> 그가 주의 백성을 공의로 재판하며
> 주의 가난한 자를 정의로 재판하리니
> ……
> 그가 가난한 백성의 억울함을 풀어 주며
> 궁핍한 자의 자손을 구원하며
> 압박하는 자를 꺾으리로다
> ……
> 그는 궁핍한 자가 부르짖을 때에 건지며
> 도움이 없는 가난한 자도 건지며
> 그는 가난한 자와 궁핍한 자를 불쌍히 여기며

> 궁핍한 자의 생명을 구원하며
> 그들의 생명을 압박과 강포에서 구원하리니
> 그들의 피가 그의 눈앞에서 존귀히 여김을 받으리로다(시 72 : 2, 4, 12
> -14).

왕의 핵심적인 가르침은 경제를 구체적으로 언급하는 가운데 약자를 보호하고 지탱하는 것이다.

시에서 반복되는 대위법은 그러한 정책을 실행하는 왕은 형통할 것이고 모든 면에서 복을 받을 것이라는 점을 강조한다(5-6절, 8-11절, 15-17절). 여기에 사치스럽게 등장하는 '샬롬'을 표현하는 단어들은 솔로몬 왕권의 모든 가능한 차원의 복지를 생각하게 한다. 실제로 이 시편의 구체적인 표현들은 다시스, 시바, 그리고 스바와 같은 도시들을 구체적으로 언급하면서(10, 15절) 솔로몬의 복지를 회상하게 해 준다. 솔로몬은 아이러니하게도 복지에 있어서 '황금의 표준'이다. 나는 솔로몬이 돈의 사용을 지배했고, 그의 실행이 부의 척도의 규범이었다는 사실을 가리키기 위해 이 표현을 사용한다. 구체적으로 이 시편의 7절은 그러한 왕이 장수와 부귀를 누릴 뿐 아니라, 온전한 복지(샬롬)를 구현하는 공의의 표지를 지닐 것임을 예기한다.

> 그의 날에 의인이 흥왕하여
> 평강의 풍성함이 달이 다할 때까지 이르리로다(시 72 : 7).

그러므로 이 시편은 '위임'과 '확신'의 대위법에 의해 정의와 복지(샬롬)

를 연결시킨다. 왕의 제의조차 권력(왕권)이 형통하기 위해서는 이웃에 대한 진리에 주의를 기울여야 한다는 진리와 권력의 연결을 밝혀 주고 있는 것이다. 왕권의 교만을 저지하는 이러한 진리와 권력의 뚜렷한 연결은 시편의 뒤늦은 '솔로몬의'(1절)라는 표제에 의해 강조된다. 솔로몬에 대한 앞선 논의를 고려해 볼 때, 단지 이 표제가 아이러니하게 받아들여질 수 있다는 점, 즉 솔로몬이 이러한 명확한 연결을 이행하지 못한 실패한 왕으로 회상되고 있다는 점을 생각할 수 있다.

그래서 나는 요시야 왕이 제의에 주의를 기울인 어린 왕이었다고 감히 상상한다. 그는 우리가 알지 못하는 방식으로 신명기 전승을 교육받았을 것이고, 그래서 제사장 여호야다에 의해 언약의 길로 교육을 받은 요아스 왕(왕하 11:4-12, 17-20 ; 대하 23:8-24:27)의 후대의 병행일 수 있다. 하지만 그러한 상상을 넘어 내가 주장하고 싶은 바는 왕은 제의에 규칙적으로 참여하지 않으면 안 되었다는 사실이다. 그리고 그는 그것을 진지하게 받아들였다. 나아가 그것을 믿었고 또 그것에 응답했다. 이 점이 우리에게 중요한 이유는 현재 우리의 삶에서도 권력을 지닌 사람들이 동일한 진리를 제의적으로 긍정하는 일에 규칙적으로 참여하고 있기 때문이다. 우리의 가장 친숙한 모든 제의적인 삶에도 그러한 요구들이 있다. 하지만 권력을 지닌 사람들, 즉 우리 모두는 옛 이스라엘의 왕들처럼 그러한 요구들이 침투할 수 없는 예외주의 이데올로기에 너무 익숙해져 있다. 요시야 왕이 이스라엘의 왕정에서 예외적인 모습을 보이는 이유는 그가 예외주의의 이데올로기를 넘어 이웃 사랑을 강조하는 언약의 진리로 도약했기 때문이다. 모든 인습적인 예외주의를 확신하거나 전복시키는 것은 바로 두루마리 율법 전승에 의해 그 진실성이 보장된 "이웃 사랑 언약의 진리"이다. 요시야 왕의 두려움과 경책, 자신의 옷을 찢는 행동은 옛 전승의 요구들이 비록 너무 익숙하게 재연될지라도, 사실상 심각하고 불길한 징조를 지니고 있음을 인식하고 있는 것이다. 그는 자신에게 선포된 진리에 스스로의 권력을 가지고 응답했다.

요시야 왕의 이야기 : 진리 논쟁자로서 읽기

이 장을 마무리하기 전에 나는 각 인물 사례 연구에서 했던 것처럼, 진리와 권력에 대한 이와 같은 특수한 해석을 신약성경에 증거된 방식으로 제안할 것이다. 나는 언약의 명령에 뿌리를 두고 왕정에서 실행된 "가난하고 궁핍한 자"에 대한 요시야 왕의 주의 깊은 관심(렘 22 : 15 - 16)이 마태복음 25장 31~46절에 나오는 예수님의 비유에서 중요하게 공명(共鳴)되고 있다는 점을 말하려고 한다. 예수님의 비유는 "그리스도에 대한 관심은 가장 연약한 자에 대한 관심의 형태를 취한다."는 점을 긍정하는 데 집중하고 있다.

예수님의 관심이 병든 자, 굶주린 자, 주린 자, 벌거벗은 자, 그리고 갇힌 자에 감추어져 있다는 사실은 완전히 충격적이다. 그들은 예수님의 '형제들'일 뿐 아니라 예수님은 자신을 그들과 동일시했다. '의로운 자들'이 의로운 까닭은 의식적으로 그리스도론적 동기로부터 행동했기 때문이 아니라, 그들이 단지 '연약한 자들'을 보살폈기 때문이다. 그들의 질문, 즉 "우리가 어느 때에 주를 돌보았나이까?"에 대한 대답은 '연약한 자들을 돌볼 때'라는 표현에 암시되어 있다. 그러나 '보는 행위'만으로는 충분하지 않다. 첫째 무리들이 상속의 복을 받은 것은 바로 효과적인 돌봄으로 번역된 '보는 행위'였다. 오직 '보는 행위' 만이 둘째 무리들에게는 저주를 불러일으켰던 것이다.[14]

'연약한 자들'을 그리스도의 통치에 연결시킴으로써, 마태 전승은 우리가 이미 보아온 궤적을 계속 따라가고 있다. 말하자면 하나님에 의해 권위를 위임받은 권력은 궁핍한 이웃들의 진리에 의해 형성된다는 것이다.

존 도냐휴(John Donahue)는 연약한 자들의 이와 같은 전복적인 정체성에 관한 철저한 논의를 제공한다. 예수님의 비유는 대중적인 용법에 의해 '보편적으로' 해석된다. 즉, 지극히 연약한 자들은 '궁핍한 자들'이다.

> 사람들은 단순히 궁핍한 사람들을 위해 행해진 행동들에 기초해서 '의롭다' 또 '복되다'라고 불려진다. 이러한 이해는 오늘날의 해방신학들에 의해 강조되어 왔다. 제식 종교 또는 신조라기보다는 사회의 주변부에 내던져진 사람들에 대한 관심으로 이해되는 정의의 실천이 참된 종교이다. 참된 종교는 예수를 '주'로 고백하는 사람들에 국한되지 않는다.[15]

하지만 도냐휴 자신은 본래의 구두 전승에서 '연약한 자들'은 모욕과 핍박을 받고 궁핍한 기독교 선교사들이라는 점을 단언한다.

---

14) Jon Donahue, *The Gospel in Parables : Metaphor, Narrative, and Theology in the Synoptic Gospels*(Philadelphia : Fortress Press, 1988), 113쪽.
15) Ibid., 110쪽.

마태 공동체 교회는 자신들이 거절과 박해에 직면할 것을 알면서도 "하나님 나라의 복음"을 증거하려고 한 선교 공동체이다. 마태복음 25장 31~46절에 나오는 예수의 형제들과 자매들 가운데 가장 연약한 자들의 정체성과 그들의 구체적인 고난은 이러한 관점에서 해석되어야 한다. 예수의 형제들과 자매들 가운데 가장 연약한 자들이 당한 고난은 복음을 선포하면서 감당한 사도적 고난이다.[16]

예레미야 22장 15~16절의 교훈과 시편 72편의 예전적인 확언은 그 맥락에서 볼 때 왕가 정책의 시야에 들어 있던 가난한 자들과 궁핍한 자들에 관한 유사한 한계 설정을 지니고 있는 것 같다. 어떠하든지 예수의 비유에서 그리스도와 연약한 자들을 동일시하는 것으로 해석한다면, 우리는 비유 자체에 불순종하는 것은 아니다. 그러한 동일시는 바로 "이것이 나를 앎이 아니냐?"라는 예레미야 말씀의 메아리이다. 고대 이스라엘에서 그러한 철저성은 틀림없이 성전의 화려함 가운데 하나님을 기념했던 사람들을 혼란스럽게 했을 것이다. 마찬가지로 그리스도와 가장 연약한 자들을 동일시하는 것은 예수의 적대자들을 혼란스럽게 했음에 틀림없다.

권력을 진리의 궤도로 끌어들이기 위해서는 그러한 철저한 신학적 동일시가 요구된다. 테리 이글턴(Terry Eagleton)은 신앙의 진리에 관해 새로운 무신론자들(도킨스와 히친스)에게 대답하면서, 철학적 또는 이론적 근거 위에서 주장하지 않는다. 오히려 그는 실천에 초점을 맞춘다. 여기서 예수는 "이 땅의 쓰레기와 같은 사람들"과 자신을 동일시하고 연대한다.

---

16) Ibid., 122쪽.

이렇게 격하게 사랑하는 하나님의 유일하게 참된 이미지는 심한 고문을 받고 처형된 정치적 범죄자이다. 그는 성경이 궁핍하고 귀신들린 자를 뜻하는 아나윔(anawim)이라 부르는 부류의 사람들과 연대하면서 죽는다. 로마 사람들에게 십자가형은 오직 정치적인 범죄자에게만 적용되었다. 하지만 바울적인 표현에서 아나윔은 이 땅의 배설물과 같은 자들 — 새로운 형식의 하나님의 나라로 알려진 인간의 삶의 주춧돌이 되는 사회에서 버림받은 쓰레기와 같은 자들 — 이다. 예수는 시종일관 그들의 대표자(representative)로 자신을 나타낸다.[17]

이글턴은 지배 문화에서 예수의 가르침과 삶이 어떻게 터무니없고 부조리한 것으로 보였는지 감칠맛 나고도 유쾌한 방식으로 보여 준다. 오히려 그러한 터무니없고 부조리한 지배 문화의 환상적인 모습이 지닌 진짜 부조리를 드러낸다. 그의 총명하고 저항적인 수사(修辭)는 예수의 가르침과 삶의 철저함이 우리 시대에 정부(워싱턴 D.C.)와 대학(옥스퍼드)의 지배적인 이성과 어떻게 충돌하는지를 보여 준다.

나는 디치킨스(Ditchkins)가 내 신학적인 설명을 인상 깊게 받아들일 것이라 생각할 만큼 어리석지 않다. 내 신학적 설명은 옥스퍼드시의 북쪽 구역(North Oxford) 또는 워싱턴의 인습적인 지혜와 거의 상관없다. 그것은 또한 리처드 도킨스(Richard Dawkins)가 여기서는 아주 세련된 교

---

17) Terry Eagleton, *Reason, Faith, and Revolution : Reflections on the God Debate* (New Haven, CT : Yale University Press, 2009), 23쪽.

외 거주자의 모습을 보이면서 사회공학의 효율성에 대해 견지하는 고상하고 깔끔하며, 자신만만한 신뢰와 자유주의적 계몽을 가지고 지지할 것 같은 어떤 견해보다 훨씬 더 철저한 인간의 조건을 표상한다.[18] ……내가 막 제시한 세계관은 사람들이 옥스퍼드 대학이 자리한 옥스퍼드시의 북쪽 구역의 만찬 식탁이나 미국 수도의 미식가들의 사치스러운 식탁에서 흔히 듣는 논쟁이 아니다.[19]

매우 적절한 병행이다. 물론 요시야 왕을 너무 긍정적인 요소로 해석하면서, 그에 관해 정당한 근거 이상으로 상상하는 것은 빠져들기 쉬운 위험이다. 그럼에도 불구하고 그는 가능한 것 혹은 적어도 상상할 수 있는 것을 상기시키는 전승에 속해 있다. 그는 에스겔이 기록한 바 있는 일상적인 왕권과 대조적인 대단히 다른 권력의 구현을 잊지 않았다.

"인자야 너는 이스라엘 목자들에게 예언하라 그들 곧 목자들에게 예언하여 이르기를 주 여호와께서 이같이 말씀하시되 자기만 먹는 이스라엘 목자들은 화 있을진저 목자들이 양 떼를 먹이는 것이 마땅하지 아니하냐 너

---

[18] 역주: 브루그만 박사는 이글턴이 비판하는 디치킨스(Ditchkins)를 계몽주의 이성의 범례로 언급한다. 디치킨스는 이글턴이 신은 망상에 불과하다고 주장하는 신-무신론자들인 옥스퍼드 대학의 유명한 신-다윈주의 진화생물학자인 리처드 도킨스와 미국의 작가요 언론인이요 문학비평가인 크리스토퍼 히친스(Christopher Hitchens)를 합성해서 부르는 조어이다. 이글턴은 도킨스와 히친스가 자유주의적인 계몽적 이성을 내세우면서 신이나 종교에 대해서는 가차 없이 비판하면서도 자본주의의 폭력과 사회적 병리에 대해서는 침묵하는 부조리를 고발한다.
[19] Terry Eagleton, op. cit., 34-35쪽.

희가 살진 양을 잡아 그 기름을 먹으며 그 털을 입되 양 떼는 먹이지 아니하는도다 너희가 그 연약한 자를 강하게 아니하며 병든 자를 고치지 아니하며 상한 자를 싸매 주지 아니하며 쫓기는 자를 돌아오게 하지 아니하며 잃어버린 자를 찾지 아니하고 다만 포악으로 그것들을 다스렸도다 목자가 없으므로 그것들이 흩어지고 흩어져서 모든 들짐승의 밥이 되었도다"(겔 34 : 2-5).

우리는 이 시대에 불안과 폭력 가운데 흩어지는 것이 무엇인지에 대해 알고 있다. 요시야 왕은 우리들 가운데 그렇지 않은 상황이 있을 수 있다는 사실을 상기시키는 인물로 서 있다. 그러나 사실 우리에게도 여전히 다른 상황이 조성될 수 있다.

TRUTH SPEAKS TO POWER

CHAPTER 05

오늘의
상황에서 보는
권력과 진리

현대

오늘의 상황에서 보는 권력과 진리

내가 이 책의 탐구에서 추구한 목적은 성경이 권력과 진리의 복잡한 만남을 해명하는 여러 다른 방식들 가운데, 어떤 특정 방식들을 보여 주는 것이었다. 성경의 전승에 대한 탁월한 해석과 상상의 능력을 발휘하는 사람은 진리와 권력의 만남에 대한 그 어떤 고정된 공식을 따르지 않는다는 점은 분명하다. 왜 그럴까? 그러한 해석과 상상의 능력은 언제나 직접적인 맥락과 관계할 뿐만 아니라 어떤 하나의 공식으로 환원될 수 없기 때문이다. 아마 리처드 니버가 했던 것처럼 선택지들의 격자(grid)나 분류(taxanomy)를 제공하는 것도 가능하지 않을 것이다.[1] 왜냐하면 성경은 내러티브의 특수성에 의해 전개되기 때문이다. 우리는 비록 일반화하고 싶

---

[1] 역주 : 브루그만 박사는 서론에서 언급한 바 있는 리처드 니버의 「그리스도와 문화」(Christ and Culture)에서 제시한 그리스도와 문화 사이의 관계에 대한 유명한 다섯 가지의 유형론을 지시한다.

은 끝없는 유혹을 받지만 내러티브로부터 일반화할 수 없다. 우리는 매번 또 다른 해석적인 상상력을 발휘하여 성경의 내러티브를 반복해서 말할 수 있을 뿐이다.

진리는 아래로부터 권력을 전복시킨다

권력은 언제나 또 어디서나 할 수 있는 한 그 자체를 모든 제국, 모든 정권, 그리고 모든 정통이 바라는 생각인 하나의 전체주의적인 체계로 드러낸다. 그러한 전체주의적 요구들은 가능한 한 최선을 다해 모든 질문들에 대답하고, 모든 자원들을 제공하며, 모든 미래들을 보장하고, 의미가 있거나 가치 있는 어떤 것이 전체주의적인 이데올로기 밖에 놓일 수 있는 가능성을 부인한다. 심지어 하나님의 선택받은 백성인 고대 이스라엘의 지평 위에서도 바로 그러한 요구들을 확인하는 것은 정당하다. 처음부터 바로는 그러한 전체주의에 대한 시도를 대표한다. 그리고 이스라엘 안에서도 솔로몬은 그의 애굽의 장인(바로)과 동일한 시도를 구현했다.[2]

최소한으로 말해서, 진리는 권력의 전체주의적 주장이 참되지 않다는 사실을 은밀히 속삭이고 활발하게 상기시킨다. 피할 수 없이 드러나는 환원이 불가능한 고통의 소리와 권력의 강요된 묵종을 거부하는 희망의 목소리가 언제나 권력의 능력으로 통제할 수 없는 영역에서 들려온다. 전체

---

2) Walter Brueggemann, *Solomon : Israel's Ironic Icon of Human Achievement* (Columbia : University of South Carolina Press, 2005)를 참조하라.

주의 밖에서 들려오는 진리의 미미한 속삭임이 노예들의 울부짖음을 통해 성경에서 처음으로 들려진다(출 2 : 23). 하지만 고통과 희망의 미미한 속삭임은 거대한 어떤 것으로 바뀌게 됨을 성경은 증언한다. 그러한 고통과 희망의 미미한 속삭임이 권력의 요구 밖에 놓여 있는 것은 고통과 희망의 울부짖음일 뿐만 아니라, 은밀하게 들어와 권력의 전체주의 요구를 부숴 버리는 거룩하신 하나님의 신실한 개입이자 응답이라는 점을 긍정함으로써, 거대한 어떤 것으로 바뀌게 되는 것이다. 이렇게 해서 타협이 불가능한 하나님의 거룩은 그 누구에게도 응답할 필요가 없다고 생각하는 권력으로 하여금, 응답을 이끌어 내는 방식으로 역사적으로 해명되고 실행된다.[3] 출애굽기의 내러티브에서 바로의 권력에 대한 극적인 해체의 끝에 ― 바로가 노예들의 도전에 대해 자신의 엄청난 권력을 행사하고 격노한 후에 ― 바로는 결국 모세에게 탄원하지 않을 수 없게 된다. "너희가 말한 대로 너희 양과 너희 소도 몰아가고 나를 위하여 축복하라"(출 12 : 32). 축복을 요청하는 이 대목에서 미래를 창출할 능력이 바로에게는 거부되고 모세의 운동에 거하게 된다는 사실은 심지어 애굽 제국에게도 명백해진다.

비통함으로 가득 찬 바로의 탄원과 빌라도의 당혹스러운 질문, 즉 "진리가 무엇이냐?"(요 18 : 38)를 가로지르는 직선을 그릴 수는 없지만, 추적이 가능한 선을 그릴 수는 있다. 당혹스러운 질문으로 인해 놀라게 되는 순간에 로마의 권력자는 전체주의적인 요구가 부적합하여 실패하고 만다

---

3) 바로가 반드시 응답해야 한다는 사실은 다음의 공식구에서 자명하게 나타난다. "세상이 여호와께 속한 줄을 왕이 알리이다"(출 9 : 29). 여기서 '안다'는 것은 하나님의 통치를 인정하는 것이다. 출애굽기 5장 2절의 부정적인 대응절을 참조하라. "나는 여호와를 알지 못하니"

는 사실을 인식하게 된다. 우리는 아주 기꺼이 진리의 전복적인 힘이 절대적인 권력을 아래로부터 부숴 버린다고 말할 수 있다. 그것은 당연하다. 그리고 언제나 그렇다. 하지만 그 구절이 단지 무력하고 주변적인 것을 가리킨다면, 그것은 또한 아래로부터 그 이상을 표현한다. 성경의 전승이 증언하듯이 그것은 거룩하신 하나님의 포착하기 어렵고, 역동적이며, 단호한 능력과 결합되어 있다. 모세는 여호와 하나님의 보냄을 받은 자이다(출 3 : 10). 모세는 바로에게 "내 백성을 보내시오."라고 말하지 않는다. 그는 오히려 "여호와께서 '이렇게 말씀하시기를' 내 백성을 보내라"(출 5 : 1, 저자 사역)라고 말한다. 이와 비슷하게 솔로몬도 해체적인 아이러니의 예리함, 결정적으로는 여호와 하나님의 명령으로 다윗 왕국에서 지파들을 찢을 실로 사람 아히야의 구체적인 행동(왕상 11 : 29 – 31)에 의해 저지당하게 된다. 그 행동은 아히야에 의해 행해지지만, 실제로는 여호와 하나님의 목적이 이루어지고 있는 것이다. 이는 다음에 기록된 선포의 말씀에 잘 드러난다.

"여로보암에게 이르되 너는 열 조각을 가지라 이스라엘의 하나님 여호와의 말씀이 내가 이 나라를 솔로몬의 손에서 찢어 빼앗아 열 지파를 네게 주고"(왕상 11 : 31).

심지어 요시야 왕의 경우에도 부르는 주체는 바로 말씀의 두루마리의 명령하는 소리, 즉 하나님의 명령이다. 이렇게 해서 성경의 내러티브는 다양한 방식으로 하나님의 이해하기 어려운 능력에 극적인 형식을 부여한다. 여호와 하나님의 결단에 관한 지속적인 성경의 증언은 권력이 그러한 전복적인 진리에 의해 통보를 받는다는 불굴의 확신을 실어 나른다. 그러한 진리는 지식 또는 인식의 꾸러미가 아니다. 그것은 해방의 능력에 저항할 수 없다는 매우 심오한 실천적인 각성이다(모세). 온 왕국의 기아에도 불구하고, 많은 연약한 무리들의 굶주림의 울부짖음에 귀기울여 존중받는다(엘리사). 관료적인 권력과 가시적이면서 거만한 권위는 아래로부터의 동요에 직면해서는 유지될 수 없다(솔로몬). 토라의 무서운 심판의 선언들을 회피하거나 내쳐버릴 수 없다(요시야).

구약성경의 진리가 신약성경의 권력에 말하다

지금까지 주로 구약성경을 살펴보았다. 그 이유는 두 가지이다. 하나는 구약성경에 관심이 있으며 전공 영역이기 때문이고, 다른 하나는 권력과 진리의 만남이 구약성경 전승의 내러티브 증언에서 극적인 방식으로 최전선(front)에 있기 때문이다. 그러나 나는 구약 내러티브에만 머물지 않고, 어떻게 고대 이스라엘의 내러티브들이 신약성경과 메시야인 예수 그리스도에 대한 교회의 증언으로 충분히 이해할 수 있게 전달이 가능한지도 제시했다. 오늘날의 성경학자들은 신약성경의 신앙공동체가 로마제국과 그 권력과 결탁했던 유대 지도자들과 교류하며 생활했다는 사실을 알고 있다.[4] 그러한 인식은 내가 여기서 탐구한 권력과 진리의 내러티브가 예수

---

4) Richard A. Horsley, *Paul and Empire : Religion and Power in Roman Imperial Society* (Harrisburg, PA : Trinity Press International, 1997)을 참조하라.

의 삶과 초기 교회의 증언에서 다시 수면 위로 부상하고 있음을 충분히, 아니 반드시 이해할 수 있도록 도울 것이다.

모세

나는 마가복음 6장 51~52절을 언급하면서 모세 – 바로의 권력과 진리의 만남에 대한 논의에 결론을 내렸다. "제자들이 마음에 심히 놀라니 이는 그들이 그 떡 떼시던 일을 깨닫지 못하고 도리어 그 마음이 둔하여졌음이라" 이 구절들은 오병이어나 칠병이어(마 15 : 32 – 39)의 기적들이 이미 시작된 새로운 세계의 현현임을 알지 못했던 제자들의 우매함을 증언한다. 새로운 나라의 창출은 예수님의 현존과 행동에 의해 풍요함으로 힘차게 시작되었다. 바로의 내러티브와 현재의 이적 사이의 연결은 "둔해진 혹은 완악한 마음"(hard hearts)이라는 표현이다. 제자들은 풍성한 떡의 의미를 알 수 없었다(막 8 : 21). 그들은 마음이 둔해져서 그 의미를 이해할 수 없었던 것이다. 제자들의 둔해진 마음은 바로의 완악한 마음의 복사판이다. 바로는 심지어 차고 넘치는 양식을 가지고도 불안 속에서 기근에 대한 꿈을 꾸었다(창 41 : 1 – 32).[5] 그는 기근에 대한 악몽을 꾼 후에 곡물 저장소를 비치할 성읍들을 값싼 착취 노동력에 의존해서 만들었다. 예수님의 제자들은 바로가 지녔던 기근의 이데올로기를 버리고 나서야 비로소

---

5) 바로의 완악한 마음에 관해서는 출애굽기 4 : 21 ; 8 : 15, 32 ; 9 : 7, 34, 35 ; 10 : 1, 20, 27 ; 11 : 10 ; 14 : 4, 8, 17을 참조하라.

하나님이 공급해 주시는 새로운 흐름의 풍성한 떡을 이해할 수 있었다. 하지만 그들은 기근에 대한 전체주의 권력의 주장 때문에 눈이 멀어 예수님이 행하신 새로운 풍성함의 역사를 분별하지 못했다. 사실상 복음서의 제자들에 대한 내러티브 설명은 옛날 바로의 완악한 마음에 대한 언급 없이는 온전히 이해될 수 없다.

솔로몬

성경의 전승에서 솔로몬은 탁월, 부, 권력, 그리고 영광의 극치를 표상한다. 그것을 제외하고 모든 것이 재빠르게 해명되었다. 나는 누가복음 12장 16~21절의 비유에 나오는 어리석은 자는 다른 사람이 아닌 솔로몬이라는 사실을 깨닫기에 이르렀다. 솔로몬은 엄청난 부를 축적하기 위해 그의 창고를 끝없이 확장했다. 그러한 잠정적인 내러티브의 정체성을 인정할 때, 예수님이 불안과 신뢰에 관해 제자들에게 행하신 성찰적인 후속 교훈에서 불안을 가장 본질적으로 체현한 인물로 솔로몬을 택하신 것은 전혀 놀라운 일이 아니다. 예수님은 공중의 나는 새들과 들에 핀 꽃들을 솔로몬의 불안과 대조되는 대상으로 자유로운 피조물들을 제시하신다. "백합화를 생각하여 보라 실도 만들지 않고 짜지도 아니하느니라 그러나 내가 너희에게 말하노니 솔로몬의 모든 영광으로도 입은 것이 이 꽃 하나만큼 훌륭하지 못하였느니라"(눅 12 : 27).

부의 축적자인 솔로몬은 열왕기상의 내러티브에서 끝없이 보다 많은 재물을 추구하는 인물로 묘사되고 있다(참조. 왕상 10 : 14 – 25). 우리는 이 문맥에서 솔로몬이 먹을 것과 입을 것에 대해 염려했음을 자유롭게 상상할 수 있다(눅 12 : 22-23). 우리는 그의 부의 축적 활동이 막다른 골목에 다다른 것으로 듣게 된다. 왜냐하면 그의 권력이 그 자신을 판이하게 다른 행사로 이끌 수도 있었을 진리로부터 멀리 떨어져 있었기 때문이다. 하지만 그의 불안은 그러한 분별을 막았다.

엘리사

엘리사는 전설적인 인물이다. 이것은 그의 예언 활동이 왕정의 이성과 관리의 감시망 아래 살아 있고, 또 왕정의 이성의 기준에서 볼 때 신빙성을 상실한 꾸며진 이야기로 전달되고 있다는 것을 뜻한다. 엘리사는 북이스라엘에서 왕권과 거의 대립하지 않지만, 단지 이스라엘의 실제적이고 일상적이며 육체적 삶에서 변혁을 야기하는 예언자로서, 그 자신의 해명할 수 없는 능력 가운데 행한다. 그는 변혁적인 행동을 위한 능력을 소유한 것으로 전해지는데, 그 이유는 그가 하나님의 영의 능력의 부분 집합인 엘리야의 영에 의해 능력을 받았기 때문이다(왕하 2 : 15). 이 신기하고도 이해할 수 없는 예언자는 가는 데마다 변혁적인 사건을 일으킨다. 굶주린 사람들이 먹고(왕하 4 : 42-44), 나병환자들이 고침을 받아 건강을 회복하고(왕하 5 : 14), 전쟁이 중단되고(왕하 6 : 23), 기아가 종식된다(왕하 7 : 16). 물론 이 내러티브들은 우리에게 결코 그 방법을 말하지는 않는다. 내러티브들의 지평 위에서 철저하게 왕들의 시야와 능력의 범위 밖에 놓여 있는 구체적인 활동들에 대한 설명을 듣는 것만으로 충분하다

(참조. 왕하 5 : 7 ; 6 : 21-22, 26-27).

신약성경에서 엘리사가 행한 나아만 장군의 변혁적인 나병 치유는 예수님 자신의 사역의 전조로 인용되고 있다(눅 4 : 27). 하지만 나는 누가복음 7장 18~22절 내러티브와의 연결을 제시하기로 했다. 그 내러티브에서 요한은 예수님의 정체성과 지위에 대해 묻는다. 요한은 헤롯에 의해 감금되자, 사람을 시켜 예수님에 대한 자신의 질문을 보냈다. 이렇게 해서 내러티브는 로마제국의 권력의 현실을 담아 전해 주게 된다. 옥에 갇힌 요한의 질문은 헤롯과 그를 지원하는 로마의 권력자들의 전체주의 통치를 넘어 삶의 희망을 주는 능력이 있는지에 대한 것이다. 그것은 긴급하고도 실제적인 질문이다. 예수님이 요한에게 준 대답은 엘리사의 입술에서 나왔을 법한 내용이다. 만약 엘리사가 자신의 소명에 대해 질문을 받았다면, 그는 구체적이고 실제적인 변혁을 지시하면서 동일한 대답을 했을 것이다.

> "너희가 가서 보고 들은 것을 요한에게 알리되 맹인이 보며 못 걷는 사람이 걸으며 나병환자가 깨끗함을 받으며 귀먹은 사람이 들으며 죽은 자가 살아나며 가난한 자에게 복음이 전파된다 하라"(눅 7 : 22).

예수님이 일으키신 변혁들(엘리사가 일으킨 것들처럼)은 그 내러티브 세계 속에서는 논쟁의 여지가 없고, 동시에 해명할 수 없는 것이다. 반면 요한은 내러티브 설명들 속에서 그 자신의 결론을 이끌어 낼 수 있다. 로마 당국자들도 마찬가지로 그들 자신의 결론을 이끌어 낼 수 있고, 또 이끌어 낼 것이라는 점에서는 의심의 여지가 없다. 하지만 그가 메시야라는 신학적인 결론은 위의 질문의 일차적인 요점이 아니다. 일차적인 요점은 로마제국의 권력이 미치지 못하는 효력 있는 진리가 존재하는가의 여부이다. 이것은 엘리사에게도 마찬가지다. 그의 능력은 사마리아의 왕권이 미치지 못하는 영역에 있다. 엘리사와 예수님의 경우에서 내러티브는 그 점에 대해 결코 설명하지 않는다. 왜 그럴까? 설명은 엄격히 통제되고, 조직화되며, 조절된 지식의 범주들을 지닌 제국 권력의 영역에 속하기 때문이다. 엘리사와 예수님의 진리가 그러한 엄격한 통제가 미칠 수 없는 영역에 속한다는 것은 너무나 분명한 사실이다.

요시야

요시야의 경우는 매우 다르다. 왜 그럴까? 요시야는 다윗의 계보에 속하기 때문이다. 그는 기성 권력의 궤도에 분명히 속해 있다. 그럼에도 불구하고 우리를 놀라게 하는 것은 요시야 왕이 두루마리 율법책에 주어진 대로 말씀의 진의에 응답하고, 또 그것과 적극적으로 씨름한다는 점이다. 우리는 그가 말씀의 진의에 순종하고 응답하는 이유에 관한 그 어떤 실마리도 얻을 수 없다. 요시야 왕을 그러한 씨름을 위해 준비시키거나 우리를 그의 독자들로 준비시키는 왕궁 제의에서도 그 어떤 이유를 찾을 수 없다. 그는 이스라엘 백성들 일부를 현혹시킨, 어떤 의미에서는 자연의 돌연변이와 같은 존재, 즉 하나의 신기로운 존재(novum)이다. 그가 또 다른 이스라엘 백성들을 깊이 실망시켰다는 사실도 물론 의심의 여지가 없다.

내가 고찰하고 있는 다른 세 가지의 내러티브의 경우에서 할 수 있었던 것과 같이 요시야 왕으로부터 신약성경으로 직접적으로 나아갈 수 있는 길은 명백하지 않다. 예수님께서 왕으로서 가장 작은 자들에게 주목하셨다는 점은 확실하다. 만약 요시야 왕이 발견한 말씀의 두루마리가 실제로 신명기의 일부분인 것이 분명한 것으로 보인다면, 예수님도 요시야 왕처럼 신명기의 아들임이 분명하다. 이것은 누가복음 4장에서 사탄의 유혹에 대해 신명기의 삼중적인 말씀으로 응답한 사실에서 분명하게 나타난다.

사람이 떡으로만 살 것이 아니라(눅 4 : 4 ; 신 8 : 3).

주 너의 하나님께 경배하고 다만 그를 섬기라(눅 4 : 8 ; 신 6 : 13).

주 너의 하나님을 시험하지 말라(눅 4 : 12 ; 신 6 : 16)

이 신명기의 계명을 넘어(beyond) 예수님은 그를 따르는 사람들을 로마제국의 혹은 유대의 지배 당국자들을 부정할 신앙의 실천으로 이끌려고 한다.[6] 개인적인 견해에서 마태복음 25장 31~46절에 나오는 친숙한 비유는 요시야 왕의 내러티브와 연결되어 있다. 즉, 이 비유는 마지막 때의 이미지들을 가장 작은 자들과 연결하고 있는 것이다. 존 도나휴가 주장하듯이 이 비유에서 가장 작은 자들은 그리스도인 형제와 자매들을 의미할 수도 있겠지만, 그럼에도 불구하고 요시야 왕과 어떤 연결점이 있다.[7] 우

---

6) Stanley E. Porter와 Cynthia Long Westfall의 *Empire in the New Testament* (Eugene, OR : Pickwick Publications, 2011)을 참조하라.

리는 요시야 왕에 관하여 다음과 같은 말씀을 듣는다.

> 네 아버지가 먹거나 마시지 아니하였으며
> 정의와 공의를 행하지 아니하였느냐
> 그때에 그가 형통하였었느니라
> 그는 가난한 자와 궁핍한 자를 변호하고
> 형통하였나니
> 이것이 나를 앎이 아니냐
> 여호와의 말씀이니라(렘 22 : 15 – 16).

  요시야 왕에 대한 이 시적인 표현의 말씀은 예수님의 비유의 말씀처럼 가장 작은 자들에 대한 관심을 번영에 연결시킨다. 마태가 처음에 기독교 공동체 안에 있는 가난한 사람들과 궁핍한 사람들에게 초점을 맞춘 것일 수 있다. 하지만 우리는 그러한 해석을 넘어서서 기독교 공동체에 속하지 않은 가난하고 궁핍한 사람들, 즉 경제적인 접근, 정치적인 수단, 그리고 제의적인 정통성에서 배제된 사람들에게로 밀고 나아가야 한다. 마태복음이 유대 공동체에 속한 복음서임을 고려한다면 모세오경에 보이는 관심과 함께 예수의 증거가 요시야 왕의 개혁 작업을 야기시킨 신명기의 두루마리 말씀과 부합한다는 점은 틀림없다. 그것은 모두 작은 자들에 대한 것이다.

---

7) John R. Donahue, *The Gospel in Parable*(Philadeiphia : Fortress Press, 1988), 120
  – 123쪽.

이렇게 해서 구약성경에서 권력과 진리에 관한 서너 개의 내러티브들은 신약성경을 향해 나아간다. 그것들은 배타적으로 신약성경만을 향해 나아가는 것은 아니다. 그 이유는 (동반 운동으로서) 유대교도 동일한 병행적인 해석적 움직임을 분명히 보여 주기 때문이다. 내가 살핀 이들 각각의 내러티브에는 하나님의 진리에 대해 계속해서 고뇌하게 하고 놀라게 하며, 마음에서 떠나지 않고 저항할 수 없는 어떤 것이 들어 있다. 바로 이것이 몸의 정치(the body politics)의 삶에서 이들 변화의 내러티브들을 야기하고 불러일으키는 것이다. 뒤늦게 깨닫는 독자들인 우리는 저 고대의 내러티브의 증언으로부터 우리 자신의 시간과 장소와 환경을 향해 나아가고 확장하며, 주어진 자료들을 토대로 추론하도록 초대를 받는다.

구약성경의 인물들은 현재의 권력에 말할 수 있는가?

구약성경의 인물들과 우리의 상황, 즉 오늘날 우리의 시간과 장소, 환경과의 어떤 쉽거나 명백한 연결점은 없다. 하지만 당연히 이 물음을 회피할 수는 없다. 우리는 위에서 살펴본 구약성경의 이야기들을 환기해 보면서, 오늘 우리의 신앙의 맥락에서 권력과 진리를 성찰해 볼 수 있다.

필자는 이렇게 제안한다. 우리는 전체주의화(totalizing)의 환경에 살고 있다. 소수의 약탈자들의 수중에 엄청나게 집중되어 있는 권력과 부는 엄청난 집중에 책임이 있는 정부에 의해 강화되고 있고, 현 질서를 지지하는 제도 종교에 의해 매우 강력하게 정당화되고 있다. 이러한 소수에 의한 엄청난 부와 권력의 집중은 모든 사회–경제적 가능성들을 포함하는 환경을 창출해 왔고, 또한 소비주의로 표현되고 군사주의의 주문들에 의해 지지되는 순응의 이데올로기(ideology of conformity)를 낳는다. 그러한 맥락에서 볼 때, 이러한 전체성 밖에서 어떤 행동(혹은 사고조차)을 지속하는 것은 대단히 어렵다. 현재의 사고나 행동의 대부분은 전체성을 위해 교묘하게 이용되기 때문이다.

로버트 리프턴(Robert Lifton)은 최근 전체주의 문제에 관여했던 자신의 삶의 이야기를 저술했다. 리프턴은 핵무기 위협의 두려움, 베트남 전쟁의 야만성, 히로시마의 핵무기 살상, 그리고 아우슈비츠의 잔학 행위들과 같은 다양한 전체주의 문제들을 다루었다.[8] 그는 '잔학한 행위들을 만들어 내는' 전체주의 체계를 상세하게 서술하면서, 자신의 연구에 기초하여 전체주의 체계 안에서 반복적으로 일어나는 "전체주의의 여덟 가지 치명적인 죄"를 공식화했다.

> 나는 그것들을 전체주의의 "여덟 가지 치명적인 죄"로 보기에 이르렀다.
> ① 환경통제(milieu control) : 환경 안에서 모든 소통의 사실상의 통제
> ② 신비적인 조작(mystical manipulation) : 집단적 자발성이라고 가장하는 가운데 행해지는 모호하지만 궁극적인 권위에 의한 위로부터의 인위적인 조치들
> ③ 순수성의 요구(the demand for purity) : 절대적인 악을 패배시키기 위해 절대적인 선의 강압적 부과

---

8) Robert Jay Lifton, *Witness to an Extreme Century : A Memoir* (New York : Free Press, 2011).

④ 고백의 컬트(the cult of confession) : 모든 것을 포함하면서 늘 비판적인 연속적 자기-계시에 대한 집착
⑤ 거룩한 학문(the sacred science) : 신적이고 학문적으로 증명된 교리적 진리 주장
⑥ 조문화(loading the language) : 모든 인간의 문제들을 규정하는 구절들, 사고를 근절시키는 판에 박힌 조문으로 축소시키는 것
⑦ 인간보다 교리를 우선시 하는 것(doctrine over person) : 지배적인 교의에 대한 그 어떤 의심들도 인격적인 결함이나 심리적인 질환의 형태로 간주되지 않으면 안 되는 교리의 절대적인 우선성
⑧ 실존의 배분(the dispensing of existence) : 실존할 권리를 지닌 사람들과 실존의 권리를 소유하지 못한 사람들 사이에 그려진 날카로운 선

이들 전체주의 이데올로기의 죄들 가운데 마지막 죄가 지닌 보다 커다란 악을 요약적으로 제시해 보자. 여기서 문제가 되는 '배분'은 단지 사회 안에서 제공되거나 부정된 지위들을 의미할 수도 있고, 아니면 그릇된 배경이나 사상에 물든 것으로 간주된 사람들을 죽이는 것을 의미할 수도 있다.[9]

그가 연구를 통해 제시한 전체주의 죄악들은 잔인하고 통제적인 절대주의의 특징을 지니고 있다. 전체주의 밖에서 행동하거나 생각할 수 있는 능력이 절대주의 경계 안에서는 지극히 어렵게 된다.

---

9) Ibid., 67-68쪽 ; 아울러 381쪽을 참조하라.

나는 어떤 인위적인 변경을 통해서 구약성경의 내러티브의 시대와 우리 시대 사이의 유사성을 너무 강조하거나, 현재 미국 체제의 전체주의 양상들을 지나치게 강조하고 싶지 않다. 오늘 우리 시대의 권력과 부의 집중을 주목하는 것을 제외하고도, 매체들의 심한 공모와 법정의 결탁으로 인해 전체화의 과정이 손에 잡힐 만큼 우리 앞에서 일어나고 있다. 우리 가운데 성경의 전승에 담겨진 진리의 증언에 주의를 기울이고, 또 그것을 고수하려고 하는 이들이 있다면 그들은 진리의 실행에 관한 꽤 실천적인 물음에 봉착할 것이다. 이러한 진리의 실행에 관한 실천적인 물음은 지배 이데올로기로부터의 어떤 해방도 의도하지 않는 맥락에서 해방과 변혁에 관계하고 오직 그 지배 이데올로기 체계 안에서의 변혁을 의도한다.

다시금 놀라게 되는 것은 그러한 전체주의를 넘어 그것을 벗어날 수 있는 대담하고 위험이 뒤따르는 길들을 찾는 진리의 수행자들이 있다는 사실이다. 교회는 전체주의와 공모하고 축복하면서 상당한 유익을 누렸다. 하지만 때때로 교회는 연약한 방식으로 혹은 대담한 방식으로, 인습적인 방식으로 혹은 상상적인 방식으로 대안적인 발언을 제시해 왔다. 그러한 대안적인 발언은 규칙적으로 다음과 같은 요소들로 이루어져 있다.

- 모세에게 나타났던 불타는 가시덤불의 하나님이 행하셨듯이, 압제받는 사람들의 부르짖음을 듣는 것
- 솔로몬을 아이러니하게 묘사한 성경의 저자들이 그랬던 것처럼 절대주의의 공허함을 탐색하는 것
- 엘리사가 그랬던 것처럼 인간 공동체를 변혁하기 위해 왕정의 감시 밖에서 사는 것

- 요시야 왕이 그랬던 것처럼 개혁적인 방식으로 옛 토라의 진리가 당대의 공공정책에 작용하게 하는 것

그러한 대안적인 발언이 시행될 때 우리는 충분히 또 다시 하나님을 믿도록 할 수 있다. 전체주의의 압제를 부수는 것은 결국 모든 진리의 하나님이다. 모든 진리의 하나님은 제국의 통치자를 무너뜨릴 뿐 아니라 여기저기에서 그때나 지금이나 만물을 새롭게 하신다.

제자와 시민의 삶

우리는 현재의 상황에서 우리에게 해당하는 새로운 표현들을 산출할 이러한 옛 내러티브를 계속해서 기대하는 것이 중요하다. 그러나 우리는 성경의 본문들을 해석하는 과정에서 하나님의 거룩한 진리에 의해 부름을 받은 이들이 제자들과 시민들이요 동시에 현재 정권의 세금 납부 수혜자가 되는 당혹감을 경험한다. 하지만 시민권은 지금 우리들의 중심 무대를 차지하고 있는 지배 이데올로기의 온전한 힘에 대한 동의를 요구하거나 수반할 필요가 없다. 우리의 몸의 정치학이 그 길을 잃은 것은 자명하다. 그렇지 않은가?

- 연약한 사람들에게 쉽사리 가해진 폭력에서 그 길을 잃었다.
- 상대적으로 권리를 덜 가진 사람들에 대한 무비판적인 착취에서 그 길을 잃었다.

- 하나의 삶의 길로서 탐욕에 대한 쉬운 헌신에서 그 길을 잃었다.
- 행복과 안전에 대한 거짓 약속에서 그 길을 잃었다.
- 선택받은 백성으로서의 자격과 특권에 대한 그 뻔뻔스러움에서 그 길을 잃었다.

실제로 그 길을 잃은 사회는 시민권을 일깨워 주는 진지한 '제자도'가 준비 되어 있다. 제자도를 의미하는 진리에 대한 깊은 순종은 시민됨을 통해 몸의 정치를 교회 혹은 신정(theocracy) 속으로 전이하려고 하지 않는다. 오히려 그것은 거룩한 진리가 이웃을 대항하는 탐욕에 너무 많이 의존하고, 이웃이 겪는 위기에 대해 너무 많이 부인하며, 절망적으로 체념하는 사회에서 중요한 선물들과 명령들을 강조한다고 주장하려고 한다.

사회 권력은 가능할 때는 언제나 가능한 한 빨리 전체주의(totalism)를 지향하는 경향을 보일 것이다. 그러한 사회적 전체주의는 언제나 압제적 전체주의(totalitarianism)로부터 이탈하는 하나의 호흡이다. 전체주의 사회에서 공동체의 구성원으로서의 진정한 인간의 자유 실행은 설령 금지되지는 않을지라도 제약을 받는다. 가능하다면 전체주의는 옛 전승에 대한 '최종적인 해석'에 의존하는 '최종적인 해결책'으로 제시될 것이다. 하지만 진리와 그 진리를 실천하는 사람들이 아는 것은 옛 전승에 대한 그 어떤 최종적인 해석이 존재하지 않듯이, 그 어떤 해결책도 없다는 점이다. 오직 옛 전승에 대한 잠정적인 해석에 의해 계도되는 잠정적인 해결책들만이 있을 뿐이다. 확실히 그러한 잠정적인 해결책을 실행하는 것, 즉 언제나 실패하는 것을 전복하는 것, 언제나 하나님의 거룩하심에 의해 깊이 주어진 새로운 가능성을 탐색하는 것이 제자들의 사역이다.

진리 논쟁자로서의 해석, 진리 논쟁자로서의 삶

한편으로 나는 제자도에 대한 다른 본문들도 인용하면서, 사도행전의 제자도(또는 사도성)는 제국의 한가운데서 형성된 생생한 증언이라는 점을 결론으로 제시하고자 한다. 부활의 진리로 무장된 초기의 그리스도인들은 그들의 기쁘고 공적인 공동체적 삶을 그만 둘 수 없었다.

- 그들은 대개 기업 시민권을 거절한 진리의 힘인 성령으로 **충만**했다.
- 그들은 **제국의 통치자들 앞에서** 대안적인 부활의 진리를 자주 또 담대하게 증언했다.
- 그들은 정치적, 경제적, 그리고 종교적 체제 권력의 세계를 전복했던 방식으로 세계를 향해 **진리를 선포했다**.

초기 그리스도인들은 하나님의 진리의 실행인 예수님의 부활에 중심을 둔 대안적인 진리를 증언함으로써, 모든 전체주의가 먼저 차지하려고 하는 제국의 권위를 부인했다. 그들은 하나님의 생명을 위한 의지가 제국에 의해 실행되는 죽음을 위한 의지보다 더 강하다는 진리를 증언했다. 그들은 제국의 통치자들 앞에서 증언하면서 예수님의 재판에서 언급되지 않은 채 남겨진 로마 총독에게 건넬 대답을 마무리했다.

나는 사도행전에 나타나는 제국의 통치자들 앞에서 사도들의 증언이 전달하는 진리에 대하여, 캐빈 로우(Kavin Rowe)가 제시한 아주 재치 있고 신선한 논리를 접하게 된다. 로우는 사도행전에서 사도들이 초기에 제시한 증언의 방식을 밝혀 준다. 초기의 증언들은 부활의 진리를 제국의 관행과 모순되고, 또 혼란스럽게 하는 교회의 행동을 실천적인 진리로 선포한다.

나는 사도행전이 실제 내용적으로 "네 모든 인생을 이런 방식으로 살아야 해."라고 말하며 현저하게 다른 삶의 구도를 제공하며 다른 내러티브들을 '거짓'으로 만들 수 있는 내러티브라고 말할 때, 우리가 '참된'이라는 단어의 일상적이고 단순한 용례들에서 얻을 수 있는 의미보다 더 포괄적이고 '더 두터운'(thicker) 어떤 것이다. 말하자면 근본적으로 다른 방식으로 삶을 영위함으로써 그 형태가 거짓으로 드러날 수 있는 종류의 참되고 온전한 삶의 방식을 지시해 보려고 한다. 우리는 이러한 참되고 온전한 삶의 방식을 진리의 실천적인 모습 또는 모양이라고 부를 수 있을 것이다.[10]

그러한 진리가 '개방된 선포'(open speaking)라는 것은 의심의 여지가 없지만, 그것은 또한 '살아 있는' 선포이기도 하다…… '진리 주장'이라는 용어는 삶의 방식을 실어 나르는 어떤 것으로 이해될 수 있다. 이러한 의미에서 가장 기본적인 수준에서의 진리 주장은 우리가 동의하거나 동의를 철회하는 고립된 진술을 지시하는 것이 아니라, 우리가 그 속으로 들어가거나 또는 들어가지 않는 전 존재 양태를 지시한다.[11]

---

10) C. Kavin Rowe, *World Upside Down : Reading Acts in the Graeco-Roman Age* (Oxford : Oxford University Press, 2009), 161쪽.
11) Ibid., 161–162쪽.

로우는 사도행전의 맥락을 해명할 때 본문의 증언이 다신론에 대한 반박과 동시에 그것이 수반하는 관용을 담고 있다는 식으로 자신의 논지를 전개한다. 하지만 나는 이 논의의 목적을 위해서 이 증언을 제국의 전체주의에 대한 도전으로 보려고 한다. 사도들은 로마제국의 전체주의에 대항해서 대안적인 진리 주장을 펼친다. 사도들은 그들의 선포와 행보를 통해 로마제국의 전체주의 밖에 있는 진리에 대해 열정적으로, 또 단호하게 증언할 길을 찾는다. 사도행전의 결론은 로마에서 바울이 설교하는 장면을 보도한다. 바울은 자신에게 나아오는 모든 사람들을 받아들이고 "하나님의 나라를 선포한다"(행 28 : 31). 바울은 아무도 배제하지 않고 복음을 선포했다. 그는 바로 그 자신의 설교의 자리인 로마의 통치와 모순된 하나님의 통치에 대해 가르쳤다. 마지막으로 31절에 따르면 바울은 "매우 담대히 그리고 금하는 사람이 없이 주 예수 그리스도에 대해" 증언했다.

리처드 카시디(Richard Cassidy)의 견해에 따르면, 로마제국의 당국자들은 확실히 바울의 설교를 방해하려고 애썼고, 사도행전의 마지막 말씀은 '겁먹지 않고'(unintimidated)로 번역하는 것이 더 낫다.

> 그들은 예수가 주라는 사실을 확실히 알기 때문에, 그리고 또한 지상의 왕국들과 제국들은 사탄의 지휘에 굴복하고 있다는 사실을 알기 때문에 누가복음의 범례적인 독자들은 사도행전의 마지막 장면의 고귀함을 이해할 준비가 잘 되어 있었다. 그 마지막 장면에서 옥에 갇힌 바울은 매우 담대하게 겁먹지 않고 하나님의 나라에 대해 계속해서 선포하며, 예수 그리스도가 '주'라는 사실을 가르쳤다.[12]

카시디는 누가가 보도하는 이 마지막 내러티브를 누가복음 1장 32~33절의 서론적인 내러티브에 연결한다. 누가복음의 서론적인 내러티브에서 천사 가브리엘은 마리아에게 태어날 그의 아들에 관해 알린다.

"그가 큰 자가 되고 지극히 높으신 이의 아들이라 일컬어질 것이요 주 하나님께서 그 조상 다윗의 왕위를 그에게 주시리니 영원히 야곱의 집을 왕으로 다스리실 것이며 그 나라가 무궁하리라"(눅 1 : 32 – 33).

가브리엘의 알림은 로마 황제의 제국에 대하여 말하는 것이 아니고, 예수님의 왕국이 '영원하다'는 선포는 로마제국의 지속에 대한 물음을 암묵적으로 제기하는 것일 수 있다.[13]

필자의 견해로는 우리 사회에서의 교회, 아마 모든 곳에서 교회의 상황은 현재의 권력 질서에 적대하는 진리를 위탁받고 있다. 다른 영역에서도 그렇지만 설교와 예배에서 드러나는 교회 안에서의 신학적 위기는 교회가 미국 연방 국가안전기구(국가안전보장회의, 국방성, 중앙정보국 등)의 전체주의와 지나치게 결탁하고 있다는 점에 있다. 혹은 보다 넓은 시각에서 교회 안에서의 신학적 위기는 부활의 설교를 인식론적 불가능성으로 만들어 버리는 연방 국가안전기구(국가안전보장회의, 국방성, 중앙정보

---

12) Richard J. Cassidy, "Paul's Proclamation of Lord Jesus as a Chained Prisoner in Rome," Luke – Acts and Empire : Essays in Honor of Robert L. Brawley, ed. David Rhoads et. al. (Eugene, OR : Pickwick Publications, 2011), 153쪽.
13) Ibid., 151쪽.

국 등) 뒤에 도사리고 있는 계몽주의 이성과 무비판적으로 결탁하고 있다는 사실에 있다.[14]

바울과 달리 교회는 담대하게 금하는 사람 없이 하나님의 나라를 선포할 것 같지 않은 입장을 취하고 있다. 다시 말하자면 교회는 하나님의 나라를 겁먹지 않고 담대하게 선포하지 않고 있는 것으로 보인다. 이런 사실은 이제 연방 국가안전기구(국가안전보장회의, 국방성, 중앙정보국 등)의 전체주의 주장이 실패했고, 거짓임을 보여 주었다는 것을 생각하는 사람 누구에게나 명백하게 보인다. 그러므로 이제 죽음에 대한 하나님의 승리의 진리가 신선한 해명과 실행에 ― 가장 좋은 표현으로는 겁먹지 않고 담대하게 ― 옮겨질 때이다.

내가 여기서 인용한 사례인 모세, 솔로몬에 대해 보도하는 아이러니한 성경 저자들, 엘리사, 요시야는 일관성 있게 담대한 태도를 보여 준다. 그러한 수행자들에 의해 다양하게 실행되는 진리는 하나의 관념이나 명제가 아니다. 그것은 오히려 권력의 전체주의적 요구들을 거부하는 삶의 습관이다. 제국을 대신해서 총독은 계속해서 물을 것이다.

"진리가 무엇이냐?"

그리고 사도들은 계속해서 굳건한 담대함을 가지고 대답할 것이다.

---

14) Chalmers Johnson은 그의 저서 *The Sorrows of Empire : Militarism, Secrecy, and the End of the Republic*(New York : Henry Holt, 2005)에서 영속적인 전쟁, 바닥을 모르는 부채, 그리고 시민권의 상실을 포함하는 미국 연방 국가안전기구(국가안전보장회의, 국방성, 중앙정보국 등)의 고비용을 열거하고 있다.

"우리는 그 어떤 인간의 권위가 아닌 하나님께 순종해야 한다"(행 5 : 29). [15]

---

15) John Calvin, *Institutes of the Christian Religion* 4.20.32 ; ed. John T. McNeill, trans. Ford Lewis Battles, LCC (Philadelphia : Westminster Press, 1960), 2 : 1521. 이 본문을 마지막 인용으로 삼는다. 칼뱅은 다음과 같이 쓰고 있다. "우리가 경건을 외면하기보다는 어떤 경우나 상황을 감내해야 할 때 주님께서 요구하는 바로 그 순종을 드린다는 생각으로 자신을 위로하도록 하자. 바울은 우리의 용기가 약해지지 않도록 또 다른 채찍으로 우리를 격려한다." 우리는 구속을 위해 그리스도를 지불할 만큼 그렇게 커다란 값을 지불함으로써 그리스도에 의해 구속함을 받았기 때문에 우리 자신을 그것들의 불경건에 종이 되는 것은 말할 것도 없고, 인간들의 사악한 욕망의 종으로 만들어서는 안 된다(고전 7 : 23).

Write the translator

옮긴이의 글 :
진리와 권력 사이에 선 교회

역자가 에모리대학교 캔들러 신학대학원에서 다소 늦깎이 유학생으로서 둘째 학기를 보내고 있던 2003년 봄 학기 시절, 브루그만 박사의 설교를 들을 기회가 있었다. 다소 강직해 보이는 예언자적 인상의 브루그만 박사는 노령임에도 불구하고 매우 열정적인 설교를 전했던 모습이 역자의 마음에 인상깊게 남아 있다.

본서에는 복음의 진리에 의해 이루어지는 정의롭고 평화로운 하나님 나라 생명공동체를 위한 원로 구약학자의 열정에 넘치는 성찰이 담겨 있다. 브루그만 박사는 이 책에서 성경이 증언하는 복음의 진리가 세상을 지배하는 권력과 관계하는 방식에 따른 대담한 탐구를 보여준다. 이 대담한 탐구를 하는 직접적인 이유는 세계화의 상황에서 부의 집중을 정당화하는 권력의 전체화에 대한 문제의식이다. 우리 시대의 권력은 정의롭고 평화로운 공동체 형성의 매개가 아니라 고삐 풀린 탐욕의 결정체로 드러나고 있다. 신자유주의 세계화는 물러설 줄 모르는 탐욕을 조장하는 시장 권력의 자유방임적인 환경을 일방적으로 조성하고 있다. 브루그만 박사는 오늘날의 시장과 결탁한 권력을 고통받는 사회의 잠재력에 둔감했던 '바로의 권력'과 병행시키면서 비판적으로 성찰한다.

저자가 보내 준 편지에서 밝히듯이 진리가 "권력과 마주한 복음의 변혁적 권능"을 의미한다면 전체화를 추구하는 권력의 기만과 폭력의 맥락에서 과연 복음의 진리는 막강한 시장주의 권력을 변혁시킬 수 있을까?

　브루그만 박사는 구약성경의 모세, 솔로몬, 엘리사, 요시야의 내러티브의 심층을 교회의 일반적인 해석과는 다른 시각으로 들여다보면서, 진리의 변혁적 실행을 보여 주고자 한다. 또한 요한복음의 내러티브에서는 권력 앞에 선 진리의 모습이 그려진다. 여기서 진리는 권력에 의해 십자가에 못 박힌다. 그러나 예수님과 빌라도의 만남은 바로 진리와 권력의 만남의 모범이라 할 수 있다. 브루그만 박사는 불의한 권력에 대항해서 하나님의 진리가 구현되는 방식을 보여 주고자 한다. 그는 권력의 세계 한복판에서 새로운 생명력을 추동하는 복음의 진리의 비전과 실천 방식을 우리의 눈으로 확인하도록 초청하고 있다. 다시 말해서 권력의 기만적이고 폭력적인 향연을 전복하는 변혁적인 진리의 자유 세계로 우리를 초청하는 것이다. 성경의 증언은 결국 권력을 진리 앞에 세우는 놀라운 반전을 계시한다. 권력의 전체주의를 무너뜨리는 것은 바로 모든 진리의 하나님이시다. 결국 진리의 하나님이 만물을 새롭게 하신다.

　그렇다고 해서 복음의 변혁적인 진리가 허공에서 저절로 실행되는 것은 아니다. 성경의 내러티브들은 전체주의를 추구하는 권력을 넘어 위험을 무릅쓴 대담한 진리의 대행자들이 있음을 증언한다. 복음의 진리는 이런 대담한 진리의 대행자들의 용기 있는 행동을 통해서 부당하고 정의롭지 못한 권력을 폭로하고 전복시킨다. 또한 새로운 생명을 향해 매진하는 복음의 진리가 지닌 권능이 공적 영역에서 실행되도록 공적 책임에 대한 시야를 열어야 한다. 원로 구약학자는 이 책에서 성경의 진리와 권력의 공적 함의에 대한 대담한 탐구를 수행하고 있다. 성경은 진리와 권력의 공공성에 주목한다. 다시 말해서 공공선(the public good)에 대한 관심은 성경의 부차적인 관심사가 아니다. 사도행전은 하나님 나라의 제자도가 로마제국의 권력의 한가운데서 형성된 공공의 진리임을 생생하게 증언한다. 따라서 복음을 개인화하면서 성경의 공공선에 대한 관심을 방치하는 개인주의 신앙과 영성에 대해 강력하게 문제를 제기해야 한다.

이 책에서 진리의 폭로적이고 전복적인 성격과 권력의 전체주의 성격을 부각하는 브루그만 박사의 성경 해석적 관점은 매우 근본적(radical)이다. 그는 성경이 증언하는 선지자의 정신으로 기득권을 지지하는 주장에 대해서나 다른 생명들을 희생하여 특권을 누리는 것을 정당화하는 그 어떤 이념이나 의제에 대해서 사정을 봐주지 않고 비판한다. 반면에 하나님의 진리가 연약한 자들, 가난한 자들, 그리고 배제된 자들과 연대한다는 것에서는 단호하다. 브루그만 박사는 근대 성경비평을 넘어 성경의 더 근본적인 정신에 호소한다. 그는 성경에 대한 비평연구가 곡물창고들이 있었던 도시들의 소재에 대해서는 끊임없이 캐물으면서도, 그 사업의 소유주와 노동자들 사이의 왜곡된 착취와 사회적 관계에 대해서는 질문하지 않는다는 사실에 놀라움을 금하지 못한다. 그는 성경 본문을 가볍게 읽어서는 안 되며, 교회가 불의한 권력에 대항하는 진리논쟁자로서의 해석과 삶을 실천할 것을 권면한다. 그렇다고 해서 그가 특정 정치 이념이나 의제를 정당화하기 위해 성경을 끌어들이는 입장을 추인한다고 생각해서는 안 된다. 성경은 특정 정치 이념이나 의제를 직접적으로 정당화해 주지 않는다.

브라이덴탈 감독이 추천의 글에서 제시하듯이 브루그만 박사는 단지 성경의 토대가 되는 두 가지의 진리를 강조할 뿐이다. 그것은 하나님은 권력의 의제로 환원될 수 없다는 것과 이웃은 하나님의 형상으로 이루어져 있다는 진리 말이다. 브루그만 박사는 특정 정치 이념이나 의제를 넘어선 하나님의 복음의 진리를 지시해 준다. 그의 지시를 따라 성경의 내러티브들의 심층으로 들어가면 비로소 생명의 복음이 밝혀 주고 펼쳐내는 하나님의 놀라운 은혜의 차원을 만날 수 있다.

「진리가 권력에 말하다」는 일차적으로 교회를 위한 책이다. 본 글의 토대가 목회자들과 평신도 지도자들을 위해 마련된 강의와 강연에서 비롯되었기 때문에 교회를 위한 비판과 격려의 메시지를 동시에 담고 있다. 브루그만 박사는 본서를 통해 권력이 지배하는 오늘의 상황에서 교회가 복음의 진리를 어떻게 관계시켜야 하는지 제시하고자 했다. 그는 세상 권력의 한가운데서 모호하게 존재하는 교회의 실존에 눈을 감지 않는다. 기성 교회는 하나님의 진리에 의해 부름을 받은 제자공동체인 동시에 공권력의 수혜자인 시민공동체로서 존재한다. 교회는 그동안 권력의 전체주의와 공모하여 이득을 누리기도 하면서, 동시에 권력에 대항한 대안적인 선포를 수행하기도 했다.

　브루그만 박사는 교회의 이런 모호한 실존에도 불구하고, 교회가 권력 앞에서 진리의 영인 성령의 권능으로 충만하여 예수 그리스도의 부활의 진리를 담대하게 선포할 것을 권면한다. 그는 오늘날 정의롭지 못한 권력의 맥락 속으로 복음의 진리를 구체화시키는 제자도를 교회에 요청하며, 이웃 사랑을 실천해야 할 교회의 공적 소명을 다시금 환기시킨다. 이와 동시에 교회는 사회·정치·경제 등의 공적 차원을 경시해서는 안 됨을 강조한다. 오늘날 한국교회는 진리와 권력 사이에서 생명을 살리는 강력한 변혁의 권능인 복음의 진리가 세상의 권력 한가운데서 공적으로 실행되도록 진리의 대행자로 부름 받고 있다. 하나님이 주시는 새로운 생명의 차원을 가까이서 바라보는 원로 구약학자의 진리와 권력에 대한 통찰에 주목하는 한국교회가 되기를 바란다.

　처음 번역을 의뢰받았을 때는 망설였다. 잘 알려져 있다시피 브루그만 박사는 구약학자이어서 구약학 전공자를 추천해 줄까 고민했다. 그러나 책의 내용이 구약학의 전문적인 이론적 이해를 추구한다기보다는 오늘날 세계화의 시대에 있어서 권력의 전체화에 대한 교회와 신학의 공적 소명과 역할을 성찰하는 데 초점이 맞추어져 있다는 생각에 직접 번역하기로 마음을 정했다. 서론을 포함해서 1~2장과 4~5장은 그대로 역자가 맡았고, 3장은 문은영 박사가 분담하여 번역하였다. 번역에 나타나는 오류는 전적으로 역자들의 몫이다. 독자들의 질정을 바란다.

한국교회를 위해 매우 소중한 내용을 담고 있는 브루그만 박사의 책들을 기획적으로 출판하는 한국장로교출판사 사장 채형욱 목사님과 직원들에게도 감사의 마음을 전한다.

한국교회 갱신을 기대하면서
역자를 대표해서 **박형국**

진리가 권력에 말하다
Truth Speaks to Power

초판인쇄	2015년 8월 20일
초판발행	2015년 8월 30일
지은이	월터 브루그만
옮긴이	박형국·문은영
펴낸이	채형욱
펴낸곳	한국장로교출판사
주 소	110-470 / 서울특별시 대학로3길 29 한국교회100주년기념관 별관
전 화	(02) 741-4381 / 팩스 (02) 741-7886
영업국	(031) 944-4340 / 팩스 (02) 944-2623
등 록	No. 1-84(1951. 8. 3.)

ISBN 978-89-398-4111-6 / Printed in Korea
값 10,000원

편집장	정현선		
교정·교열	원지현	**표지·본문디자인**	김보경
업무차장	박호애	**영업차장**	박창원

※ 이 출판물은 저작권법에 의해 보호를 받는 저작물이므로 무단전재와 무단복제를 할 수 없습니다.